SOZIALMANAGEMENT – SOZIALWIRTSCHAFT

Herausgegeben von
Wilfried Gebhardt
und Julian Löhe

SOZIALMANAGEMENT – SOZIALWIRTSCHAFT

Band 4

Xira Tröller

Interne Kommunikation im Change Management

Gestaltungsmöglichkeiten entlang der Phasen eines Veränderungsprozesses

Tectum Verlag

Xira Tröller
Interne Kommunikation im Change Management
Gestaltungsmöglichkeiten entlang der Phasen eines Veränderungsprozesses
Sozialmanagement – Sozialwirtschaft, Bd. 4

ISBN 978-3-8288-4839-9
ePDF 978-3-8288-7957-7
ISSN 2751-353X

Umschlag: Tectum Verlag, unter Verwendung der Abbildung # 150676433
von Archiwiz | www.shutterstock.com

Gesamtverantwortung für Druck und Herstellung
bei der Nomos Verlagsgesellschaft mbH & Co. KG

Printed in Germany

Besuchen Sie uns im Internet
www.tectum-verlag.de

Bibliografische Informationen der Deutschen Nationalbibliothek
Die Deutsche Nationalbibliothek verzeichnet diese Publikation
in der Deutschen Nationalbibliografie; detaillierte bibliografische
Angaben sind im Internet über http://dnb.d-nb.de abrufbar.

Vorwort

Die Welt – so sind sich viele Autor*innen unterschiedlichster Disziplinen einig – hat sich verändert. Das erscheint nüchtern betrachtet nicht ungewöhnlich. Schon Heraklit von Ephesus (535–475 v. Chr.) soll gesagt haben: „Nichts ist so beständig wie der Wandel." Der Wandel in der sogenannten modernen Welt wird jedoch noch intensiver wahrgenommen. Als Gründe werden in diesem Zusammenhang Ereignisse und Entwicklungen wie die Finanzkrise, Digitalisierung, Globalisierung, der Klimawandel und die Coronapandemie genannt. Einige Autor*innen sind der Meinung, dass die Welt unvorhersehbar(er) geworden ist, weil sich Situationen schnell ändern und die vorhandenen Modelle zur Bewältigung von Komplexität und Unsicherheit veraltet sind. Im Zuge dieser „veränderten" Welt tauchen Begriffe wie VUCA-Welt, autonome Systeme und weltweite Vernetzung auf.

Wie nun genau eine »Antwort« auf die Herausforderungen aussehen kann, wird in unterschiedlichen Konzepten diskutiert. Eine Möglichkeit wird im Change Management gesehen, das auch Frau Tröller in ihrer Arbeit in den Blick nimmt. Nachdem sie das Change Management als Konzept verortet und auch gegenüber anderen Begrifflichkeiten abgrenzt, nimmt die Autorin einen wichtigen Aspekt für gelingenden Change besonders in den Blick: die Kommunikation. Dabei verbleibt Frau Tröller nicht auf den gemeinhin bekannten Regeln zur Kommunikation, sondern verwebt diese Erkenntnisse mit Gestaltungsmöglichkeiten für Führungskräfte entlang der Phasen eines Veränderungsprozesses. Angelehnt an die Phasen „unfreezing, moving und freezing" nach Lewin präsentiert die Autorin einen reich gefüllten Instrumenten- und Methodenkoffer zum Umgang mit Veränderungsprozessen auf der Ebene der internen Kommunikation einer Organisation. Sie liefert damit gleichsam wissenschaftlich fundierte wie sehr praxisorientierte Hinweise für Führungskräfte zum Umgang mit den kaum zu überblickenden Herausforderungen von volatilen Veränderungsanforderungen.

Münster, 28. September 2022 Prof. Dr. Julian Löhe

Inhalt

1 Einleitung

„Nichts ist so beständig wie der Wandel“ (Heraklit von Ephesus, 535–475 v. Chr.).

Insbesondere für Organisationen scheint dies zutreffender denn je zu sein. Digitalisierung, Klimawandel und Globalisierung sorgen dafür, dass Organisationen es zunehmend mit komplexen Entwicklungen zu tun haben. Um ihre Wettbewerbsfähigkeit aufrechterhalten und am Markt bestehen zu können, sind Organisationen daher vielfach dazu gezwungen sich selbst ebenfalls bestimmten Veränderungen zu unterziehen (vgl. Oltmanns & Nemeyer 2010, S. 21). Die Herausforderungen der Corona Pandemie steigern diesen Veränderungsdrang erneut und heben ihn auf eine Dimension, auf der Führungskräfte aller Bereiche von Veränderungsprozessen betroffen sind (vgl. Vahs & Weiand 2020, S. 11).

Es verwundert daher nicht, dass sich die Wissenschaft immer mehr den Themen rund um diese Veränderungsprozesse annimmt. Der Terminus Change Management umfasst Management Techniken, die benötigt werden, um solche Veränderungsprozesse zu steuern (vgl. Lauer 2014, S. 4).

Die rasante Weiterentwicklung von Technologien und Angeboten sorgt jedoch nicht nur für eine steigende Zahl an Veränderungsprozessen, sondern auch für eine steigende Komplexität von Veränderungen. Um Veränderungen in strukturellen, organisationalen, prozessualen oder kulturellen Bereichen vornehmen und steuern zu können, benötigen Führungskräfte das Wissen über Wirkmechanismen von Veränderungsprozessen, sowie zu Gruppendynamiken und Emotionen von MitarbeiterInnen. (vgl. Deekeling & Arndt 2019, S. 546)

Damit Veränderungsprozesse erfolgreich gelingen können, braucht es also mehr als analytische und rationale Planung. Neben den fachlichen Planungs- und Entscheidungsprozessen ist es vor allem wichtig, dass die Veränderungen von den MitarbeiterInnen akzeptiert, unterstützt und mitgetragen werden (vgl. Stolzenberg & Heberle 2013, S. 5). Kommunikation wird hierbei in den theoretischen Modellen und Ansätzen zum Change Management durchgehend als einer der wesentlichen Erfolgsfaktoren benannt und begleitet den Veränderungsprozess in allen Phasen (vgl. Deekeling & Arndt 2019, S. 546; Stolzenberg & Heberle 2013, S. 68).

Die Kehrseite eines jeden Wandels besteht häufig aus „Schmerz", so Kotter, denn überall dort, wo Gemeinschaften zu Veränderung gezwungen sind, entstehen Ängste (Kotter 2011, S. 3). Viele Veränderungsprozesse scheitern durch Widerstände der MitarbeiterInnen. Um eine Veränderung erfolgreich umsetzen zu können, muss diese daher nicht nur fachlich sehr gut vorbereitet und geplant werden, sondern vor allem von den MitarbeiterInnen umgesetzt werden. Ein Großteil der Widerstände beruht nach Lauer auf psychologischen Abwehrmechanismen und Missverständnissen in der Kommunikation (vgl. Lauer 2014, S. 47). Besonders um Widerständen begegnen und diese reduzieren zu können, ist Kommunikation während des Wandels von großer Bedeutung. Das Beherrschen von Kommunikationstechniken und zielgruppenorientierter Sprache kann zudem dazu beitragen Missverständnisse zu minimieren und die Motivation der Mitarbeitenden zu erhöhen (vgl. Lauer 2014, S. 121).

In der Theorie wird also vielfach darauf verwiesen, dass Kommunikation als einer der wichtigsten Faktoren für das Gelingen von Veränderungsprozessen gilt. Das Wissen darum, dass Kommunikation einen Veränderungsprozess maßgeblich beeinflussen kann, ist demnach gegeben (vgl. Deutinger 2017, S. XVII). Die Frage danach wann und auf welche Weise Kommunikation in Change Management Prozessen am besten funktioniert und gestaltet werden sollte, ist jedoch noch nicht abschließend und umfassend genug geklärt (vgl. ebd.) Die folgende Arbeit beschäftigt sich daher auf der Grundlage einschlägiger Literatur mit der Frage: Worauf sollte bei der Gestaltung der internen Kommunikation entlang der Phasen des Wandels in Organisationen geachtet werden, damit die Kommunikation sich positiv auf den Veränderungsprozess auswirken kann und welche konkreten Verfahren und Methoden erscheinen in den jeweiligen Phasen als sinnvoll?

Dazu werden in Kapitel 2 zunächst verschiedene Sichtweisen und Bilder von Organisationen, sowie das der Arbeit zugrunde liegende Verständnis von Organisationen beschrieben, um darauf aufbauend die Tragweite und Bedeutung von Wandel in Organisationen in Kapitel 3 aufzugreifen. Anschließend daran werden in Kapitel 4 die Auswirkungen von Veränderungen auf die MitarbeiterInnen dargelegt, dies erscheint voraussetzungsvoll, da die vorliegende Arbeit den Fokus der internen Kommunikation auf die MitarbeiterInnen legt. Bereits durch diese ersten Kapitel wird angedeutet, welchen Stellenwert Ver änderungen in Organisationen einnehmen und welche besondere Rolle die MitarbeiterInnen in Wandelprozessen spielen. Aufbauend auf diesen Ausführungen beginnt das fünfte Kapitel mit dem Versuch den Begriff Change Management näher einzugrenzen und eine Differenzierung zum Begriff der Organisationsentwicklung vorzunehmen. Im fünften Kapitel wird zudem die Relevanz von Change Management dargestellt, um im sechsten Kapitel das Verändern von Organisationen entlang verschiedener Stufen- oder Phasenmodelle zu beschreiben. Neben den Modellen von Kotter und Schein wird besonderes Augenmerk auf das Phasenmodell nach Lewin gelegt, welches grundlegend für die in dieser Arbeit dargestellten Kommunikationsmöglichkeiten ist. In Kapitel 7 wird auf das Scheitern vieler Change Management Vorhaben und mögliche Gründe für den Misserfolg eingegangen, wodurch eine Überleitung zur Kommunikation als wichtigem Erfolgsfaktor des Change Management entsteht. Dem Themenbereich der Kommunikation ist daher das achte Kapitel gewidmet, in dem zunächst die Grundlagen der Kommunikation, wie Modelle nach Watzlawick und Schulz von Thun, aufgegriffen werden. Daran anschließend folgen kurze Erläuterungen zu den Begriffen der internen sowie der Change Kommunikation. Mit dem neunten Kapitel wird Kommunikation im Change Management als wichtiger Erfolgsfaktor sowie Funktionen von Kommunikation in Veränderungsprozessen dargestellt, wodurch die Relevanz der Arbeit erneut herausgestellt werden soll. Anschließend daran folgt im zehnten Kapitel die Kommunikation entlang der Phasen des Wandels nach Lewin, wobei in jeder der drei Phasen (Unfreeze, Moving, Freeze) zunächst dargestellt wird, worauf kommunikationstechnisch besonders Rücksicht zu nehmen ist, um dann konkrete Anwendungsbeispiele für die Praxis in Organisationen zu bieten, wie den Visionsworkshop, das World Café als Gruppenverfahren oder die Abschlussveranstaltung. Abschließend wird im elften Kapitel ein kurzes Resümee im Sinne einer Zusammenfassung der wichtigsten Erkenntnisse der Arbeit gegeben, sowie ein Ausblick auf weiteren Forschungsbedarf.

2 Bilder der Organisation

Will man einen Veränderungsprozess innerhalb einer Organisation anstoßen und erfolgreich durchführen, ist es wichtig, sich über das eigene Organisationsverständnis klar zu werden, denn dieses Verständnis prägt Perspektiven, Bewertungen sowie Interventionen (vgl. Vahs & Weiand 2020, S. 32). Das explizite oder implizite Verständnis, das Bild einer Organisation, beeinflusst maßgeblich das Auftreten und Verhalten von Führungskräften und MitarbeiterInnen (vgl. ebd.). Es bestimmt die Art und Weise, mit welcher „Brille" Organisationen wahrgenommen werden und mit welcher Haltung an die dort beschäftigten Personen herangetreten wird (Merchel 2015b, S. 42). Diese mentalen Bilder entstehen durch eigene Erfahrungen und Werte, durch die Erzählungen anderer und durch die theoretische Beschäftigung mit dem Thema Organisationen (vgl. ebd.). Um Veränderungsprozesse und Wirkweisen von Kommunikation innerhalb einer Organisation also begreifen und einordnen zu können, scheint es daher voraussetzungsvoll zunächst das der Arbeit zugrunde liegende Verständnis von Organisationen kurz darzustellen.

Gareth Morgan hat wissenschaftliche Theorien und Alltagsvorstellungen dazu genutzt bestimmte Bilder von Organisationen in Metaphern darzustellen und insgesamt acht Organisationsbilder aufgestellt (vgl. Merchel 2015b, S. 43; Preisendörfer 2005, S. 20). Eine dieser Metaphern ist das Bild der Organisation als Maschine, die routiniert, verlässlich und vorhersehbar agiert (vgl. Gareth 1986, S. 22). Wird die Organisation als Maschine verstanden, spricht man von einem eher tayloristisch geprägten Verständnis und neigt vermutlich dazu die MitarbeiterInnen als Rädchen im System zu betrachten (vgl. Vahs & Weiand 2020, S. 32). Morgans Bilder von Organisationen, nehmen Anschluss an die Betrachtungsweisen zu Organisationen nach Scott und differenzieren diese weiter aus (Merchel 2015a, S. 29). Scott hat drei idealtypische Betrachtungsweisen zu Organisationen aufgestellt, das rationale, das natürliche und das offene Organisationsmodell. In seinem rationalen Organisationsmodell beschreibt er ein mechanistisches Organisationsverständnis (vgl. ebd., S. 15f.), ähnlich dem Bild der Maschine nach Morgan. Bei diesem Sinnbild hat jeder der MitarbeiterInnen als Rädchen im System eine feste Aufgabe und wird reguliert oder in Gang gesetzt durch den „Maschinenführer", also die Führungskraft (Kühl 2020, S. 78). „Dahinter steht die Erwartung einer fast technischen Machbarkeit, einer Planungsrationalität", bei der die Führungskraft mit großer Sicherheit Erfolg erzielt, wenn sie nur weiß, welchen „Hebel" sie betätigen muss (Merchel 2015b, S. 56).

In der Systemtheorie hingegen, als eine der möglichen Perspektiven auf Organisationen, werden Organisationen als soziale Systeme begriffen (vgl. Vahs & Weiand 2020, S. 32). Systemtheoretische Annahmen und Erkenntnisse finden sich in dem offenen Organisationsmodell nach Scott wieder, bei dem Organisationen in ihrer Komplexität beschrieben werden (vgl. Merchel 2015a, S. 19). Bei diesem Verständnis entstehen Organisationen durch Kommunikation und durch das Treffen verschiedener Entscheidungen und halten sich so aufrecht (vgl. Merchel 2015b, S. 51). Demnach bestehen oder entstehen Organisationen nicht durch die Mitglieder, sondern durch deren Kommunikation, genauer durch deren Entscheidungen (vgl. Wimmer 2015, S. 523). Durch die Verknüpfung von Entscheidungen entstehen Organisationen und grenzen sich dadurch gegenüber ihrer Umwelt ab. „Grundelemente von Organisationen sind also Entscheidungen und nicht Personen" (Wimmer 2015, S. 523).

Um Organisationen mit der steuerungsoptimistischen und kalkulierbaren Wirkweise von Maschinen gleichzusetzen, können Auswirkungen bestimmten Handelns oder Entscheidungen viel zu oft nicht vorhergesagt werden (vgl. Merchel 2015b, S. 57). Merchel beschreibt Organisationen als komplexe Systeme, die ihrer eigenen, oft undurchschaubaren und nur begrenzt steuerbaren Logik folgen (vgl. ebd., S. 58). Die Steuerung als Anspruch sollte jedoch nicht aufgegeben werden, vielmehr ist es bedeutsam sich als Führungsperson der Grenzen der intentionalen Steuerbarkeit von Organisationen als sozialen Systemen bewusst zu sein (vgl. ebd., S. 59). „Damit wird aber der Problembestand des Organisierens erneut um eine wesentliche Dimension erweitert, nämlich die Motivation der Mitarbeiter" (Schreyögg & Geiger 2016, S. 17). Die Rahmenbedingungen und Grundlagen müssen daher so ausgerichtet sein, dass die Mitarbeiter ermutigt und gefördert werden (vgl. ebd.).

Der vorliegenden Arbeit liegt eine solche Betrachtungsweise zugrunde, die eher dem offenen Organisationsmodell zuzuschreiben ist. Umso deutlicher wird die Relevanz der MitarbeiterInnen unter anderem in Bezug auf Kommunikation, Motivation und Partizipation, im Allgemeinen und im Besonderen für Veränderungsprozesse.

3 Wandel in Organisationen

Aufbauend auf diesem Organisationsverständnis, kann auch Wandel innerhalb von Organisationen nicht als „rein mechanischer Prozess" angesehen werden, denn er bedarf der aktiven Mitarbeit der Betroffenen, die in bestimmten sozialen Gefügen und Strukturen agieren und ihre individuellen Bedürfnisse und Meinungen mitbringen (Lauer 2014, S. 5). Lange Zeit wurde Wandel in wissenschaftlichen Beiträgen zur Organisationslehre vernachlässigt, weil das steuerungsoptimistische Bild der Organisation Wandel als ein rein „planerisches Problem" darstellt, welches zur gelungenen Umsetzung lediglich die richtige Auswahl der Instrumente und die passende Anweisung der MitarbeiterInnen benötige (Schreyögg 2008, S. 403). Die Realisierung eines Wandelprozesses erscheint nach diesem mentalen Bild als problemlos, auch die MitarbeiterInnen agieren pflichtgemäß nach den neuen organisatorischen Anforderungen (vgl. ebd.). In der Praxis wird jedoch deutlich, dass genau darin die Herausforderung liegt (vgl. Lauer 2014, S. 5). In einem so komplexen Handlungsfeld, welches durch Informalität geprägt ist und sich nicht linear-kausal steuern lässt, reicht eine reine Strategiefindung nicht aus. Die verschiedenen MitarbeiterInnen mit ihren individuellen Charakteren sind innerhalb der Organisation in spezifische Strukturen verwoben, die neben der formalen Struktur, vor allem auch durch informelle Handlungs- und Kommunikationswege bestimmt werden (vgl. Lauer 2014, S. 5).

Organisationen werden nicht nur durch die zuvor beschriebene innere Logik geprägt, sondern vielfach auch durch ihre Umwelt gestaltet (vgl. Merchel 2015b, S. 54). Organisationen als Systeme unterliegen einer „operativen Geschlossenheit“, das heißt sie grenzen sich von ihrer Umwelt ab und bilden eine interne Identität, während sie ihre Grenze immer wieder neu ziehen und somit entscheiden, welche Impulse aus der Umwelt als relevant anzusehen sind und welche vernachlässigt werden können (Willke 2000, S. 61). Auch die Mitglieder der Organisation selbst bilden einen relevanten Teil der Umwelt, da Organisationen ohne sie nicht bestehen können (vgl. Wimmer 2015, S. 523). Jede Organisation befindet sich in einer Wechselbeziehung zur Umwelt, da beispielsweise Aufträge oder bestimmte Erwartungen an sie herangetragen werden. Auch an die verschiedenen Tätigkeitsfelder innerhalb der Sozialen Arbeit werden spezifische Ansprüche und Erwartungen aus der Umwelt gestellt (vgl. Merchel 2015b, S. 54). Abhängig von der jeweiligen Organisation gibt es unterschiedliche Interessensträger, sogenannte Stakeholder, die Einfluss auf die Organisation nehmen oder von den Handlungen einer Organisation betroffen sind (vgl. Theuvsen 2001, S. 3). Die Anforderungen der Umwelt und der Stakeholder einer Organisation sind nicht statisch, sondern verändern sich unter anderem mit fachlichen Standards und sozialpolitischen Entscheidungen (vgl. Merchel 2015b, S. 54). Erfolgreiche Veränderungen als Antwort auf die Anforderungen der Umwelt stellen die Grundlage für das Bestehen und das Wachstum von Organisationen dar (vgl. Vahs & Weiand 2020, S. 12). Organisationen als soziale Systeme können nur ihr Überleben sichern, indem sie mit ihrer Umwelt interagieren und auf diese reagieren (vgl. Doppler et al. 2007, S. 8). Veränderungen leisten also einen wichtigen Beitrag zur Unternehmenssicherung und gescheiterte Change Prozesse können schlimmstenfalls eine Organisation ruinieren (vgl. Vahs & Weiand 2020, S. 12; Doppler et al. 2007, S. 7).

4 Auswirkungen von Veränderungsprozessen auf die MitarbeiterInnen

Es sollte deutlich geworden sein, welchen Stellenwert MitarbeiterInnen in Organisationen einnehmen. Wie bereits beschrieben, liegt der Arbeit ein Verständnis von Organisationen als sozialen und komplexen Systemen zugrunde, die durch die Entscheidungsmuster der Mitglieder entstehen und aufrechterhalten werden (vgl. Wimmer 2015, S. 523). Auch wenn die Grundelemente von Organisationen demnach nicht die Personen sind, so können Entscheidungen ohne Personen dennoch nicht getroffen werden. Auch Veränderungen können innerhalb von Organisationen nur dann stattfinden, wenn die MitarbeiterInnen miteinbezogen werden und den Wandel akzeptieren. Entscheidend für diese Akzeptanz ist einerseits die innere Einstellung dem Vorhaben gegenüber, wie auch die Änderung des tatsächlichen Verhaltens (vgl. Krüger 2014, S. 26).

MitarbeiterInnen halten in der Regel aus Gewohnheit am Status quo fest und stehen Wandelvorhaben häufig skeptisch gegenüber, haben Angst und sind verunsichert (vgl. Brandl 2021, S. 68). Lernen, als Fundament für Wandlungsfähigkeit, findet meist außerhalb der eigenen Komfortzone statt, in der Sicherheit und Rituale vorherrschen (vgl. Lies & Schoop 2011, S. 70). Wenn Routinen, Handlungsabläufe und vertraute Pfade verändert werden, löst dies unweigerlich Verunsicherung und Irritation bei den betroffenen Menschen aus. Aus dieser Verunsicherung heraus entstehen Widerstände, Ängste oder

Demotivation, die den Wandel negativ beeinflussen können (vgl. Mast 2008, S. 408). „Es gibt menschliche Grundbedürfnisse wie Klarheit, Ordnung, Sicherheit, Zugehörigkeit, Handlungsfähigkeit. Wenn die nicht gewährleistet sind, wird der Mensch sehr unruhig" (Doppler et al. 2007, S. 7). MitarbeiterInnen wollen Veränderungen „nicht einfach ausgeliefert sein", sondern rechtzeitig informiert und miteinbezogen werden (Doppler 2000, 286). Nachhaltige Veränderungsprozesse beziehen die MitarbeiterInnen möglichst früh mit ein, um ihnen Sicherheit zu vermitteln. Denn je stärker das Gefühl der Sicherheit bei den betroffenen MitarbeiterInnen vorherrscht, desto eher sind sie zur Veränderung bereit (vgl. Brandl 2021, S. 68). MitarbeiterInnen stellen sich in Veränderungsprozessen die Frage nach den Gründen für den Wandel, nach den Zielen des Wandels sowie nach den individuellen Auswirkungen der Veränderung auf sich selbst und ihre Tätigkeit in der Organisation (vgl. Vahs & Leiser 2004, S. 52). Diese und andere Fragen sollten im Rahmen des Veränderungsprozesses authentisch und konkret Beantwortung finden (vgl. ebd.). Auswirkungen auf die berufliche Zukunft, wie Karrieremöglichkeiten, Ortswechsel, die Sicherheit des Arbeitsplatzes sowie mögliche neue Tätigkeiten oder Kollegen, sind Themen, die auf der Ebene der MitarbeiterInnen besonders bedeutsam erscheinen und Beachtung in der Kommunikation finden müssen (vgl. Mast 2008, S. 408). Leistungen, die erbracht werden sollen und das gilt auch für das Verändern von Verhaltensweisen, bemessen Menschen in der Regel nach Gegenleistung, also einem Anreiz. Die Veränderung muss für die einzelnen MitarbeiterInnen erstrebenswert oder notwendig erscheinen. Diese Anreiz-Beitragstheorie sollte in Prozessen des Change Management unbedingt bedacht werden, da MitarbeiterInnen Wandel nicht nur akzeptieren, sondern auch umsetzen müssen (vgl. Krüger 2014, S. 26). Sie sind „Objekt der Veränderung" (ebd.).

In Organisationen der Sozialen Arbeit gilt das Wissen um die Durchführung effektiver Veränderungsprozesse und -projekte immer noch als wenig verbreitet (vgl. Brandl 2021, S. 68). Selbst wenn die genannten Unsicherheiten nicht aufkommen sollten, so sind die Betroffenen neugierig und wollen Informationen sowie Unterstützung, um den Wandel erfolgreich bewältigen zu können (vgl. Mast 2008, S. 408). Je größer und umfassender der angestrebte Wandel ist, desto mehr müssen die MitarbeiterInnen eingebunden werden und desto höher muss die Intensität der Kommunikationsmaßnahmen ausfallen (vgl. ebd., S. 410).

In modernen Change Management Projekten wird die Verunsicherung der MitarbeiterInnen miteinbezogen und die MitarbeiterInnen werden als wichtige Stakeholder frühzeitig im Rahmen der Change Kommunikation informiert und aktiv in die Ausgestaltung eingebunden (vgl. Brandl 2021, S. 68). Hier lernen Wirtschaftsunternehmen laut Capgemini aus den Organisationen der Sozialen Arbeit, die häufig von demokratischen und partizipativen Strukturen durchzogen sind. „Die Bedeutung von partizipativen Strukturen wird im Change zunehmen" (Capgemini 2012, S. 17). Kommunikation kann hierbei als die Grundlage für Mitwirkung, Akzeptanz und Verhaltensänderung der Stakeholdergruppen gesehen werden (vgl. Mast 2008, S. 408.). Es sollte deutlich geworden sein, dass die interne Kommunikation in Bezug auf die MitarbeiterInnen einer Organisation einen erheblichen Stellenwert in Prozessen des Change Management einnimmt.

5 Change Management

Der Terminus Change Management wurde in den 1990er-Jahren „aus der Wissenschaft in das Business-Vokabular überführt“ und hat sich seitdem als eigene anerkannte Disziplin innerhalb des Managements etabliert (Deekeling & Arndt 2019, S. 546). Oltmanns und Nemeyer definieren Change Management als „die effektive und effiziente Anpassung der Aufbau- und Ablauforganisation eines gesamten Unternehmens oder signifikanter Teile [...] der Unternehmensstrategie“ (2010, S. 28). Nach Lauer umschreibt der Begriff Change Management spezielle Techniken, die der Steuerung und des Managements wichtiger Prozesse während eines Wandels dienen sollen (2014, S. 4). Trotz einer Reihe von Erklärungsansätzen und Definitionen besteht noch keine einheitlich gültige Definition des Begriffs Change Management, da es sich um keinen normierten Begriff handelt (vgl. Kaune et al. 2021, S. 5; Kaune & Wagner 2016, S. 10). Change Management kann als ein Sammelbegriff für Veränderungen in Organisationen gesehen werden (vgl. Werther & Jacobs 2014, S. 46). Die Aussage, dass eine Vielzahl von Begriffen, wie beispielsweise „Change Management, Veränderungsmanagement, Organisationsentwicklung, Transformationsmanagement oder Business Reengineering [...] letztendlich alle grundsätzlich für das Managen von Veränderungen in Unternehmen und Organisationen“ stehen, macht die diffusen Grenzen des Begriffs Change Management deutlich (Kaune & Wagner 2016, S. 10). Die Fülle an Begrifflichkeiten lässt die Schwierigkeit, eine allgemeingültige Definition zu finden, erahnen. Kaune und Wagner nehmen einen ersten Differenzierungsversuch vor und grenzen den Begriff Business Reengineering von den anderen Begriffen ab. Die anderen genannten Begriffe und darunter auch das Change Management, basieren eher auf einer bottom-up gesteuerten und mitarbeiterorientierten Sichtweise und folgen meist den Forschungen von Lewin aus dem Jahre 1947, während das Business Reengineering eher einer top-down Strategie folgt (vgl. Kaune & Wagner 2016, S. 10).

Die Organisationsentwicklung ist historisch gesehen aus einer sozialwissenschaftlichen Perspektive heraus entstanden, der ein Menschenbild zugrunde liegt, welches von dem Bedürfnis nach Selbstverwirklichung geprägt ist (vgl. Werther & Jacobs 2014, S. 45). Der Begriff der Organisationsentwicklung etablierte sich in den Siebzigerjahren im deutschsprachigen Raum als eine Form der Unternehmensentwicklung, bei der es darum gehen sollte, neben der strukturellen und betriebswirtschaftlichen Perspektive auch die Bedürfnisse der Beteiligten miteinzubeziehen (vgl. Doppler & Lauterburg 2019, S. 89). Die Organisationsentwicklung beruht darauf, dass die Organisation und die MitarbeiterInnen ihre Umwelt wahrnehmen und reflektieren und somit aktiv zu Beteiligten werden (vgl. Brandl 2021, S. 59). Kernelemente des Ansatzes sind daher die Beteiligung der Betroffenen, die Hilfe zur Selbsthilfe und die längerfristige und ganzheitliche Ausrichtung (vgl. Doppler & Lauterburg 2019, S. 89). Veränderung wird nach diesem Verständnis als „integriert in übergreifende, längerfristige Entwicklungsprozesse des Unternehmens“ verstanden, dessen Ziele nicht einfach von externen Beratern oder von Managern und Führungskräften vorgegeben werden, sondern partizipativ unter Einbezug der MitarbeiterInnen entwickelt werden (vgl. ebd., S. 90). Organisationsentwicklungsprozesse sind häufig nach innen gerichtet und verfolgen humanitäre Ziele, während nach Beck die Effizienzsteigerung in Change-Prozessen den Fokus bildet (2019, S. 185). Besonders ab den Neunzigerjahren veränderte sich die wirtschaftliche und gesellschaftliche Lage immer rasanter und Ressourcen wurden knapper (vgl. Doppler & Lauterburg 2019, S. 90). Durch die sich verändernden Rahmenbedingungen wurden auch die Grundlagen der Organisationsentwicklung hinterfragt, um

Veränderungsprozesse effizienter und schneller gestalten zu können (vgl. ebd., S. 93). Die Prozesse des geplanten und tiefgreifenden Wandels sollten möglichst effizient sowie effektiv gestaltet und vollzogen werden (vgl. Brandl 2021, S. 63.). Auch wenn der Übergang von der Organisationsentwicklung zum Change Management nach Brandl fließend ist, liegt Prozessen des Change Management häufig ein hoher Zeit- und Ergebnisdruck zugrunde. Durch Change Prozesse soll die Organisation möglichst schnell an neue Anforderungen und Gegebenheiten der Umwelt angepasst werden, um in Zukunft bestehen zu können (vgl. Brandl 2021, S. 63).

Nach Doppler und Lauterburg bestehen zwei Wege, um sich Change Management in Abgrenzung zur Organisationsentwicklung begrifflich anzunähern. Der erste Weg beruht auf einem grundsätzlich von Organisationsentwicklung geprägtem Verständnis und zeichnet sich durch das Akzentuieren folgender fünf Aspekte aus (vgl. Doppler & Lauterburg 2019, S. 93f.): Erstens werden die längerfristig angelegten Entwicklungsprozesse der OE in einen zeitlich überschaubaren und durch Projekte strukturierten Rahmen gesetzt. Zweitens richtet sich das Vorgehen in Prozessen des Change Management konsequent an dem angestrebten Ergebnis aus, statt dem Motto zu folgen „der Weg ist das Ziel“ (Doppler & Lauterburg 2019, S. 93). In ihrem dritten Punkt gehen Doppler und Lauterburg darauf ein, dass die Umwelt in Form von Markt, Gesellschaft und Politik noch intensiver Berücksichtigung findet als bei der Organisationsentwicklung. Außerdem sollen, viertens, die Beteiligten von Beginn an darauf eingestimmt werden, dass Veränderungen mit Unsicherheiten und auch mit Ängsten verbunden sein können und dass es sich nicht um „lustvolle Entdeckungsreisen“ handele (Doppler & Lauterburg 2019, S. 94). Fünftens, das Prinzip zur Selbsthilfe aus der Organisationsentwicklung wird im Change Management um das Prinzip der Selbstverantwortung erweitert. Durch enge Zeitfenster und klar definierte Ergebniszustände wurden Veränderungsprozesse immer häufiger als Prozesse des Change Management bezeichnet (vgl. ebd.). „Der ursprüngliche Ansatz der Organisationsentwicklung wurde, um den neuen Herausforderungen gerecht zu werden, zu einem ganzheitlichen, integrierten Ansatz des

Veränderungsmanagements weiterentwickelt“ (Doppler & Lauterburg 2019, S. 94). Bei dieser Weiterentwicklung bleiben Grundannahmen der Organisationsentwicklung jedoch bestehen und Menschlichkeit sowie Bedürfnisse der MitarbeiterInnen bleiben ebenso wichtig, wie die Effizienz der Organisation (vgl. ebd.).

Doppler und Lauterburg gehen jedoch auch auf einen anderen Weg ein, mit dem man sich dem Begriff Change Management annähern kann. Bei dieser „reaktionären Variante“ steht Change Management nicht für die Anpassung und Weiterentwicklung auf Grundlage eines Organisationsentwicklungsverständnisses, sondern der Begriff wird dazu genutzt, sich von dem Bild der Organisation als sozialem und komplexem System, welches von Gruppendynamiken durchdrungen ist, zu verabschieden (Doppler & Lauterburg 2019, S. 94). Stattdessen wird auf die Sichtweise der Organisation als steuer- und lenkbarer Maschine zurückgegriffen, wie es in Kapitel 2 beschrieben ist. Auf der Grundlage eines technischen Verständnisses werden Veränderungen von oben verordnet, häufig nach dem Prinzip des Bombenwurfs (vgl. Werther & Jacobs 2014, S. 47). Beteiligung findet nach diesem Verständnis von Change Management nur in Form von Scheinbeteiligung statt (vgl. Doppler & Lauterburg 2019, S. 95).

Das dieser Arbeit zugrunde liegende Verständnis von Change Management entspricht dem von Doppler und Lauterburg beschriebenen ersten Weg sich dem Begriff anzunähern, was auch durch die im Kapitel 2 beschriebene Betrachtungsweise auf Organisationen deutlich geworden sein sollte. Auch Brandl plädiert für ein Change Management Verständnis, welches mit Ideen der Organisationsentwicklung versehen ist, was unter anderem auch durch das Bestreben die MitarbeiterInnen frühzeitig in die Prozesse und das Wandelvorhaben miteinzubeziehen, deutlich wird (2021, S. 64). Vor dem in Kapitel 2 beschriebenen Hintergrund der Organisationen als sozialen Systemen geht es im Change Management vorrangig um das Verändern von Verhaltensweisen, da die täglichen Verhaltens- und Entscheidungsmuster der Mitglieder eine Organisation ausmachen (vgl. Frei 2018, S. 9). Bereits bei der Definition des Begriffs Change Management geht Brandl darauf ein, dass es neben konzeptionellen

Rahmenbedingungen umfassende Kommunikationsmöglichkeiten und -anlässe geben muss, um die Akzeptanz und Partizipation der MitarbeiterInnen gewährleisten zu können (2021, S. 63).

Durch die Globalisierung und Veränderung der Märkte nimmt die Bedeutung des Change Managements als proaktive Strategie für den Umgang mit Veränderungen weiter zu. Durch den Einsatz des Change Managements sollen Veränderungen steuerbarer, planbarer und Erfolg versprechender gestaltet werden (vgl. Rank & Scheinpflug 2008, S. 4). „Es kommt nicht von ungefähr, dass der Begriff Change Management die Bezeichnung Organisationsentwicklung weitgehend verdrängt hat" (Doppler & Lauterburg 2019, S. 96). Dass Change Management ein anhaltend bedeutendes Thema ist, zeigen neben der Fülle an Literatur, Wissenschaftlern und Beratern, nicht zuletzt auch die seit 2003 durchgeführten Studien und Analysen von Capgemini Consulting (vgl. Capgemini 2017, S. 4). Bei allen von Capgemini Consulting durchgeführten Studien im Zeitraum von 2003 bis 2010 hat Change Management einen „Spitzenplatz" in der Liste der wichtigsten Unternehmensthemen von Gegenwart und Zukunft belegt (Capgemini 2010, S. 11). Der hohe Stellenwert aus den Vorstudien wird mit den Ergebnissen der Studie von 2010 sogar noch übertroffen: 92 % der Befragten schätzen Change Management als eines der bedeutendsten Themen der „People"-Dimension in Organisationen ein. Mit Blick in die Zukunft erhöhen manche der Befragten ihre Einschätzung von „wichtig", sogar auf „sehr wichtig", wodurch deutlich wird, dass Change Management aktuell und auch in Zukunft ein zentrales Thema in Organisationen darstellt (Capgemini 2010, S. 11).

Organisationen verschiedenster Bereiche und Größenordnungen haben es also mit Veränderungsprozessen zu tun, manche von diesen Prozessen bleiben lange unbemerkt und passieren eher zufällig (vgl. Vahs & Weiand 2020, S. 12). Divergent zu diesem ungeplanten organisatorischen Wandel stehen die Veränderungen, die absichtlich herbeigeführt und gesteuert werden. Diese geplanten organisatorischen Wandel haben eine Entwicklung der Organisation zum Ziel, die mit einer Effektivitäts- und Effizienzsteigerung einhergeht (vgl. ebd., S. 13). Der Wandel kann die Strategie, also die langfristige Ausrichtung, die Struktur und damit die Hierarchien, die Prozesse und Abläufe oder die Organisationskultur betreffen (vgl. Deekeling & Arndt S. 546). Es kann eine Weiterentwicklung der Eigenschaften, der Beziehungen oder des Leistungsspektrums angestrebt werden (vgl. Vahs & Weiand 2020, S. 13).

Separat von dieser Unterscheidung können Veränderungsprozesse ein unterschiedliches Ausmaß annehmen, wie Vahs und Weiand mithilfe ihres Schaubilds aufzeigen (vgl. Vahs & Weiand 2020, S. 13). Es kann unterschieden werden zwischen dem Wandel 1. Ordnung und dem Wandel 2. Ordnung. Von einem Wandel 1. Ordnung spricht man, wenn in erster Linie evolutionäre und kontinuierliche Verbesserungen und Anpassungen vorgenommen werden, die sich meist nur auf einzelne Organisationseinheiten oder -bereiche beschränken (vgl. ebd.). Oft werden daher auch die Begriffe gradual change, evolutionärer Wandel oder adaptiver Wandel gebraucht. Beim Wandel 1. Ordnung findet also keine grundlegende Umgestaltung der Strukturen oder Prozesse, der Werte und Normen oder der strategischen Ausrichtung der Organisation statt. Intensität und Komplexität des Veränderungsvorhabens sind eher niedrig einzuschätzen, wodurch auch die Ängste der MitarbeiterInnen eher überschaubar sind (vgl. ebd. S. 13f). Im Gegensatz dazu handelt es sich beim Wandel 2. Ordnung, auch radical change, revolutionärer oder transformativer Wandel, um eine fundamentale Veränderung der Organisation, die mit entsprechenden Ängsten und Sorgen der Betroffenen einhergeht (vgl. ebd., S. 14). Wandelvorhaben der 2. Ordnung sind komplexer, grundlegender, qualitativer Natur und umfassen die ganze Organisation (vgl. ebd.).

6 Phasenmodelle für Change Management Prozesse

Das Verändern von Verhaltens- und Denkweisen verläuft in Phasen (vgl. Frei 2018, S. 9). Doch in welchen Phasen laufen Veränderungsprozesse idealtypischer Weise ab? In Wissenschaft und Praxis existieren eine Reihe verschiedener Phasenmodelle (vgl. Vahs & Weiand 2020, S. 23). Im Folgenden sollen daher die Modelle nach Kotter, Streich und Lewin kurz dargestellt und kritisch gewürdigt werden.

6.1 Acht-Stufen-Modell nach Kotter

Wenn es um Phasenmodelle geht, dann ist vor allem das Change Management Modell von Kotter zu nennen, welches Veränderungsprozesse in acht Stufen gliedert:

1. Ein Gefühl für Dringlichkeit erzeugen, 2. Eine Führungskoalition aufbauen, 3. Vision und Strategie entwickeln, 4. Die Vision des Wandels kommunizieren, 5. Mitarbeiter auf breiter Basis befähigen, 6. Schnelle Erfolge erzielen, 7. Erfolge konsolidieren und weitere Veränderungen einleiten, 8. Neue Ansätze in der Kultur verankern (vgl. Kotter 2011, S 31–134). Kotter gilt als einer der wichtigsten internationalen Autoren im Zusammenhang mit Veränderungsprozessen (vgl. Werther & Jacobs 2014, S. 51).

6.2 Sieben-Phasen-Modell nach Streich

Auch das 7-Phasen-Modell nach Streich, bei dem vor allem die individuelle Wahrnehmung in Bezug auf die Veränderung relevant ist, findet in Wissenschaft und Praxis Anwendung (vgl. Werther & Jacobs 2014, S. 52). Nach Streichs Modell führt die Differenz zwischen eigener und fremder Erwartung in einem ersten Schritt zu einem Schockzustand, was in einem zweiten Schritt aufgrund fehlender Sicherheit zur Verneinung führt. Erst in der dritten Phase erfolgt die Einsicht darüber, dass eine Veränderung erforderlich ist, welche im vierten Schritt der Akzeptanz weitergeführt wird. In der fünften Phase folgt das Ausprobieren neuer Verhaltensweisen, welche dann zur sechsten Phase der Erkenntnis führt, in der positive wie negative Erfahrungen mit den veränderten Verhaltensweisen reflektiert werden und im siebten Schritt, der Integration erfolgreicher Verhaltensweisen, münden. Aus Streichs Modell lassen sich verschiedene Implikationen für den Veränderungsprozess ableiten, wie beispielsweise die Bedeutung von Informationen in den ersten beiden Phasen. Das Modell nach Streich macht jedoch auch deutlich, dass die Beteiligten sich „in ganz unterschiedlichem Tempo und mit individuellen Schleifen“ durch einen Veränderungsprozess bewegen (vgl. ebd.). Das heißt selbst zu Beginn des Wandels können sich die Individuen in unterschiedlichen Phasen befinden und dementsprechend andere Gefühle und Kompetenzwahrnehmungen mitbringen. Eine Ableitung auf die gesamte Organisation ist daher nicht möglich (vgl. ebd.).

6.3 Drei-Phasen-Modell nach Lewin

Nahezu alle Modelle basieren auf der Grundlage von Lewins Modell aus dem Jahr 1947 (vgl. Vahs & Weiand 2020, S. 23; Kaune et al. 2021, S. 6f; Lauer 2014, S. 65). Lauer beschreibt die Theorie Lewins als das „Urmodell“ der Change Management Konzepte, an dem sich ein Großteil der anderen Modelle orientieren (2014, S. 65). Sein Modell beschreibt, wie bestehende Verhaltens- und Denkmuster aufgeweicht, in einen neuen Zustand gebracht und wie dieser neue Zustand verfestigt, „eingefroren", wird (Frei 2018, S. 5). Sein Modell bezog sich zunächst nur auf das individuelle Lernen und erst später erweiterte er es um den organisationalen Kontext (vgl. Werther & Jacobs 2014, S. 51). Frei beschreibt Lewins Modell auch aus heutiger Sicht noch als entscheidend, weil Veränderungsprozesse durch jede der drei von Lewin beschriebenen Phasen führen müssen. Gerade aus der Sichtweise der Organisation als sozialem System, bei dem ein Wandel das komplexe Vorhaben zum Ziel hat Verhaltensweisen zu ändern, ist es wichtig die Bedeutsamkeit jeder der drei Phasen nach Lewin zu erkennen (vgl. Frei 2018, S. 5). Die vorliegende Arbeit orientiert sich aus den genannten Gründen an dem Phasenmodell nach Lewin, durch welches ein Veränderungsprozess aus systemtheoretischer Sicht abgebildet werden kann und bei dem im weiteren Verlauf der Arbeit Bezug zu Kommunikationsmöglichkeiten entlang der Phasen genommen werden kann.

Auch das Modell nach Kotter erfreut sich großer Popularität und basiert auf umfangreichen Unternehmensanalysen (vgl. Frei 2018, S. 6). Dennoch erscheint das Modell nach Kotter zu stark top-down orientiert und fokussiert vor allem die Führungsebene (vgl. ebd.), als dass es für diese Arbeit als Grundlage dienen sollte. Wichtig am Modell nach Streich ist die Beachtung des individuellen Tempos, der Gefühle der MitarbeiterInnen und dementsprechend auch die individuellen Besonderheiten und Abweichung in den Phasen des Veränderungsprozesses im Blick zu behalten. Da sich jedoch keine allgemeine Betrachtungsebene aus dem 7-Phasen-Modell ableiten lässt (vgl. Werther & Jacobs 2014, S. 52), erscheint abermals das Modell nach Lewin für diese Arbeit als sinnvoll.

Lewin war Psychologe und einer der Gründer der Organisationsentwicklung, aus dem sich das Change Management entwickelt hat (vgl. Frei 2018, S. 5). In seinem Kraftfeldansatz, der Feldtheorie, unterteilt Lewin Veränderungsprozesse gesellschaftlicher Gruppen grundsätzlich in drei Phasen: In die Auftauphase (unfreezing), die Veränderungsphase (moving) und zuletzt in die Einfrierphase (freezing) (vgl. Kaune et al. 2021, S. 6; Frei 2018, S. 5).

In der Auftauphase sollen die Betroffenen für den anstehenden Wandel sensibilisiert und motiviert werden (vgl. Kaune et al. 2021, S. 7), die Organisation und ihre Mitglieder sollen bereit gemacht werden, für die anstehenden Veränderungen (vgl. Vahs & Weiand 2020, S. 23). Bestehende Verhaltensabläufe und Strukturen innerhalb der Organisation sollen aufgetaut werden (vgl. Keller, 2018, S. 7) und die Trägheit der Organisation überwunden werden (vgl. Frei 2018, S. 5) Es geht darum vorherrschende Perspektiven zu schwächen und neue Sichtweisen zu ermöglichen (vgl. ebd.).

In der Phase des Veränderns, „moving", soll die Änderung umgesetzt werden und die Organisation in die gewünschte Richtung gelenkt werden (vgl. Kaune et al. 2021, S. 7; Keller 2018, S. 7). Während dieser Phase geht es darum das neue Verhalten zu erlernen und die Veränderung „mit all ihren Verwirrungen und Unsicherheiten" umzusetzen (Frei 2018, S. 5).

In der Einfrierphase sollen die Veränderungen im organisationalen Umfeld nachhaltig verankert und das Neue eingeübt werden (vgl. Kaune et al. 2021, S. 7). Die neuen Denk- und Verhaltensmuster sollen sich stabilisieren und neue Gewohnheiten gebildet werden (vgl. Frei 2018, S. 5).

Eine Grundannahme des Modells ist, dass sich die Organisation zu Beginn und am Ende des Veränderungsprozesses in einem Gleichgewichtszustand befindet, welcher am Ende auf einem höheren Level liegen soll (vgl. Werther & Jacobs 2014, S. 51; Kraus 2020, S. 702). Dies ist jedoch kritisch zu bewerten, da diese Ansicht den schnellen und ständigen Veränderungen heutiger Umwelten nicht gerecht wird und die Autopoiese vernachlässigt, nach deren Grundsatz sich Organisationen immer wieder selbstständig verändern (vgl. ebd.). Dennoch kann das Bild des Gleichgewichts hilfreich sein, da auch in Veränderungsprozessen Phasen der Beruhigung Berücksichtigung finden müssen (vgl. Werther & Jacobs 2014, S. 51f.). Trotz der Forderungen Lewins nach Partizipation der MitarbeiterInnen, kann an diesem Modell kritisiert werden, dass Lewin Veränderungen eine lineare Logik zuschreibt. Trotz dieser Kritik, so schreibt Kraus, lässt sich Lewins Modell auch heute noch auf Veränderungsprozesse anwenden, da das Modell im Grunde auf die wesentlichen mitarbeiterbezogenen Punkte eingeht, wie die Sensibilisierung für das Wandelvorhaben, die Aktivierung und die Mitgestaltung der MitarbeiterInnen sowie die Verankerung der neuen Verhaltensweisen und die Stabilisierung der Organisation (vgl. Kraus, S. 702f.)

7 Scheitern von Change Management Prozessen

Trotz der zuvor beschriebenen Relevanz von Wandel für den Unternehmenserfolg und die Unternehmenssicherung, scheitert ein Großteil der initiierten Veränderungsprozesse. „This is a strange but not unusual dynamic“, schreibt Miller (2001, S. 360). Studien ergaben, dass etwa siebzig Prozent aller Change Management Prozesse scheitern (vgl. ebd.). Nahezu jede Führungskraft hat bereits gescheiterte oder zumindest unbefriedigende Change Management Prozesse mitgemacht und erlebt (vgl. Frei 2018, S. 4). „Jedes zweite Change-Projekt scheitert, jedes fünfte wird schlecht umgesetzt, in jedem zehnten steigt die Mitarbeiterfluktuation“, postulieren Oltmanns und Nemeyer (2010, S. 12). Trotz divergenter Untersuchungsmethoden und der Schwierigkeit Misserfolg oder Erfolg eines Veränderungsprozesses beschreiben, bzw. messen zu können, zeigen eine Vielzahl an Studien, dass die meisten Veränderungsvorhaben nicht erfolgreich umgesetzt werden können (vgl. Frei 2018, S. 4).

Ausgangspunkt vieler gescheiterter Change Management Prozesse ist nach Frei ein ineffektives mentales Bild von Organisationen, dem ein mechanistisches Verständnis zu Grunde liegt (2018, S. 5). Veränderungen, die auf einem solchen Verständnis aufbauen, sind meist nur in den Köpfen der Leitungskräfte umgesetzt, nicht aber im täglichen Handeln und Verständnis der MitarbeiterInnen (vgl. Frei 2018, S. 5). Damit MitarbeiterInnen bereit sind, ihr Verhalten zu verändern und den Wandel zu akzeptieren, brauchen sie Sicherheit und Partizipation. Wenn diese Sicherheit und damit die erforderliche Bereitschaft nicht erreicht werden können, kann dies ein Change Projekt zum Scheitern bringen (vgl. Brandl 2021, S. 63). Widerstände können in Form innerer Widersprüche auftreten, sie können jedoch auch bis zur Kündigung der jeweiligen Person führen, besonders dann, wenn Leitungskräfte nicht auf Widerstände reagieren (vgl. Lauer 2014, S. 47).

Viele Veränderungsprozesse scheitern demnach an Widerständen der MitarbeiterInnen, die nicht selten auch durch Missverständnisse in der Kommunikation entstanden sind (vgl. Lauer 2014, S. 47). Bei einer Befragung auf der Grundlage des Mutaree-Change-Barometers vertraten 83,87 % der Befragten die Auffassung, dass es in Veränderungsprozessen an offener Kommunikation fehle und dies insbesondere dann, wenn die MitarbeiterInnen negative Folgen von dem Wandel erwarten. 88,89 % gaben an, dass auch die informellen Kommunikationswege während eines Veränderungsprozesses nicht aktiv genutzt werden, um den Wandel positiv steuern zu können und sehen darin Steuerungsdefizite, die zum Scheitern eines Change Management Prozesses führen (vgl. Mutaree-Change-Barometer 2012, S. 6f).

Veränderungsprozesse und ihr Management scheinen einer neuen Dynamik ausgesetzt, weshalb Kommunikation als Führungstechnik innerhalb von Change Management Prozessen immer mehr an Bedeutung gewinnt (vgl. Buchholz & Knorre 2019, S. 240).

8 Kommunikation

In jeder Organisationsform findet Kommunikation statt und ist untrennbar mit den Entscheidungsmustern der Organisation verknüpft. Sie macht ein Bestehen der Organisation überhaupt erst möglich (vgl. Buchholz & Knorre 2010, S. 30). Sie bildet die Grundlage für alle sozialen Vorgänge und ist Fundament sozialer Systeme (vgl. Willemse & von Ameln 2018, S. 61). Statistiken zeigen, dass Führungskräfte im Schnitt 80 % ihrer Zeit mit Kommunikation, beispielsweise in Form von Meetings, E-Mails oder Gesprächen, verbringen (vgl. Doppler & Lauterburg 2019, S. 368). Kommunikation ist die grundlegende Aufgabe jeder Führungsperson. Sie trägt Sorge dafür, dass die richtigen Informationen zum richtigen Zeitpunkt und bei der passenden Zielgruppe ankommen, die richtigen Leute die richtigen Fragen stellen und so miteinander ins Gespräch kommen können, dass richtige Entscheidungen und Lösungen gefunden werden. „Die Infrastruktur der Kommunikation ist nämlich das Nervensystem des Unternehmens“ (Doppler & Lauterburg 2019, S. 368).

Im folgenden Kapitel soll daher die Kommunikation in Organisationen näher beleuchtet werden. Dazu werden zunächst Grundlagen der Kommunikation erläutert, bevor in einem nächsten Schritt auf die interne Kommunikation und auf die Change-Kommunikation im Besonderen eingegangen wird.

8.1 Grundlagen der Kommunikation

Kommunikation stammt von den lateinischen Wörtern „communicare“ und „communio“ und bedeutet unter anderem „Gemeinschaft“, „mitteilen“, „teilen“ und „gemeinsam machen“ (vgl. Berger et al. 2008, S. 261; Willemse & von Ameln 2018, S. 61). In Deutschland findet der Begriff Kommunikation erst seit der Übersetzung des Buches „Pragmatics of Human Communication“ von Watzlawick, Beavin und Jackson Verwendung (vgl. Rabe 2010, S. 21).

Es existieren diverse Modelle zur Kommunikation, die sich in ihrer Komplexität und in ihren inhaltlichen Kernaspekten teils stark unterscheiden (vgl. Röhner & Schütz 2016, S. 19). In der Kommunikationstheorie werden Modelle dazu genutzt Kommunikation als etwas Wahrnehmbares beschreiben zu können. Die zu Grunde gelegten Annahmen der Kommunikation bestimmen das jeweilige Modell (vgl. Berger et al. 2008, S. 264). Röhner und Schütz nehmen eine Unterteilung der psychologischen Kommunikationsmodelle in Encoder-/Decoder-Modelle, Intentionsorientierte Modelle, Perspektivenübernahme- sowie Dialogmodelle vor (2016, S. 19). Während die ersten Kommunikationsmodelle ein eher technisches Verständnis im Sinne von Übertragung zwischen Sender und Empfänger postulieren, wurden im Laufe der Jahrzehnte immer mehr soziale Aspekte hinzugezogen, um Kommunikation erklärbar zu machen (vgl. Berger et al. 2008, S. 264).

Im Umfang dieser Arbeit wird zum näheren Verständnis von Kommunikation auf die Axiome von Watzlawick, welche im Bereich der Dialog-Modelle anzusiedeln sind sowie auf die Kommunikationsmodelle nach Shannon und Weaver und Schulz von Thun als Encoder-/Decoder-Modelle eingegangen (vgl. Röhner & Schütz 2016, S. 20). Das aus den 1940er Jahren stammende Modell nach Shannon und Weaver beschreibt Kommunikation in einem nachrichtentechnischen Kontext vereinfacht als Austausch von Informationen zwischen zwei Systemen. Ausgehend von der Informationsquelle, also dem Sender, hat der Empfänger die Aufgabe die Informationen zu dekodieren. Spannend an diesem zunächst simpel erscheinendem Vorgang ist, dass die

Signalübertragung möglichen Störungen ausgesetzt sein kann und die Informationen aufgrund bestimmter Übersetzungsfehler falsch dekodiert werden können (vgl. Röhner & Schütz 2016, S. 21 ff.).

Mit dem Modell nach Watzlawick wandelte sich die technische Betrachtungsweise des Austauschs von Informationen zwischen Sender und Empfänger hin zu einem zwischenmenschlichen Austausch (vgl. Berger et al. 2008, S. 265). Nach Watzlawick et al. ist Kommunikation als Verhalten zu verstehen Kommunikation ist demnach an die Beteiligung von mindestens einer weiteren Person gebunden (vgl. Rabe 2010, S. 22). Auch nach Luhmann ist Kommunikation ein sozialer Vorgang und ein relationaler Begriff, das heißt, dass er notwendigerweise auf Beziehungen bezogen ist (vgl. Willemse & von Ameln 2018, S, 34). In Anwesenheit anderer teilen wir uns immer auf irgendeine Art und Weise mit, wir verhalten uns zu ihnen auf eine bestimme Art und Weise (vgl. Rabe 2010, S. 22). Watzlawick hat verschiedene Axiome, also Grundannahmen, der Kommunikation aufgestellt. Dem ersten Axiom zu Folge, hat Kommunikation, als Verhalten, kein Gegenteil (vgl. Willemse & von Ameln 2018, S. 64). Selbst ein scheinbares Nicht-Verhalten, also zum Beispiel Schweigen, das Ignorieren einer E-Mail oder Abwesenheit bei einem Meeting, beinhalten eine bestimmte Botschaft. Wir interagieren und kommunizieren also auch ohne uns verbal mitzuteilen (vgl. ebd.). Kommunikation umfasst demnach das Reden, aber auch alle nonverbalen Signale. „Wenn man also akzeptiert, daß alles Verhalten […] Kommunikation ist, so folgt daraus, daß man, wie immer man es auch versuchen mag, nicht *nicht* kommunizieren kann“ (Watzlawick et al. 1972, S. 51). Merkmal dieses Modells nach Watzlawick, Beavin und Jackson ist die Dynamik und Interaktivität sowie die Rückkopplung der Reaktionen und des Gesagten (vgl. Röhner & Schütz 2016, S. 29). Die Gründe, wieso sich jemand auf eine bestimmte Art und Weise verhält, liegen im Verborgenen und benötigen die Interpretation des Empfängers (vgl. Willemse & von Ameln 2018, S. 64).

Watzlawick benennt als weiteres Axiom, dass Kommunikation neben einem Inhaltsaspekt immer auch einen Beziehungsaspekt enthält (vgl. Watzlawick et al. 1972, S. 53f.). Beide Aspekte haben eine unterschiedliche Bedeutung, bedingen sich jedoch gegenseitig. Der Beziehungsaspekt bestimmt den Inhaltsaspekt und gibt dem Inhalt die entsprechende Bedeutung (vgl. Happel 2017, S. 124f.). Art und Weise der Beziehung können also dafür sorgen, dass eine Nachricht unterschiedlich verstanden und interpretiert wird (vgl. ebd.). Im organisationalen Kontext wird deutlich, dass ein und derselbe Satz also bei den MitarbeiterInnen individuell unterschiedlich interpretiert werden kann. „Ziel von Kommunikation ist das Schaffen einer gemeinsamen Wirklichkeit“ (Berger et al. 2008, S. 265). Damit die Information in der Art und Weise vom Empfänger gedeutet wird, wie der Sender es intendiert hat, benötigt es daher einer Rückkopplung, denn nur so kann eine Überprüfung und gegebenenfalls eine Bestätigung der individuell decodierten Bedeutung durch den Sender erfolgen (vgl. ebd.). Idealerweise wird die Interpretation der Information im Sinne einer Rückkopplung dem Sender mitgeteilt, eine Interaktion entsteht, auf deren Grundlage eine gemeinsame Wirklichkeit gebildet werden kann (vgl. ebd., S. 266). In Organisationen kommen Menschen mit sehr individuellem Wissensstand und aus unterschiedlichen Professionen zusammen, die Wahrnehmung des gesagten ist selektiv, subjektiv und durch persönliche Erfahrungen und Einstellungen geprägt (vgl. ebd., S. 266f). „Klar ist, dass in der Kommunikation nichts klar ist!“ (Berger et al. 2008, S. 267).

Schulz von Thun hat auf Basis des Sender-Empfänger-Modells unterschiedliche Theorien integriert und das „Nachrichtenquadrat“ entwickelt (vgl. Berger et al. 2008, S. 269). Das Kommunikationsmodell nach Schulz von Thun betrachtet Kommunikation zwischen Sender und Empfänger aus je vier verschiedenen Perspektiven, wodurch eine Nachricht vier simultane Botschaften enthält (vgl. Röhner & Schütz 2006, S. 23 f.). Er unterscheidet in den Sachinhalt, die Selbstoffenbarung, die Beziehungsaussage und in den Appell. Die Qualität der Kommunikation ist auch nach diesem Modell stark von der Dekodierung des Empfängers abhängig (vgl. Röhner & Schütz 2006, S. 23). Jede Nachricht enthält demnach vier Aspekte, die als mögliche Varianten oder Interpretationen gedeutet werden können (vgl. Berger et al. 2008, S. 270). Die eigentliche Aufgabe in der Kommunikation besteht darin zu entschlüsseln, was der Sender tatsächlich sagen wollte. Nonverbale Signale des Senders beeinflussen die Interpretation des Empfängers ebenso wie die Beziehung der beiden Akteure. Die Reaktion des Empfängers ist von der jeweiligen Interpretation und der konkreten Situation abhängig und wird ohne Rückkopplung zur Wirklichkeit des jeweiligen Empfängers (vgl. ebd.).

Es sollte deutlich geworden sein, dass Kommunikation nicht als reine Übertragung von Informationen verstanden werden kann, sondern vielmehr als soziale Interaktion, als Verhalten zueinander. Für Alltag und Praxis in Organisationen ist es wichtig festzuhalten, dass Kommunikation immer interpretationsbedürftig ist und durch eine Vielzahl von Aspekten bestimmt wird. Alle vier von Schulz von Thun benannten Ebenen sollten sowohl beim Sender als auch beim Empfänger Beachtung finden.

Kommunikation und die Übermittlung von Informationen können auf verschiedene Arten erfolgen. Lauer ordnet Kommunikation im Rahmen von Wandelprozessen in vier Gegensatzpaare ein, die im Folgenden kurz aufgeführt werden sollen und die im Laufe der Arbeit immer wieder herangezogen werden.

Zunächst kann unterschieden werden zwischen formeller und informeller Kommunikation (vgl. Lauer 2014, S. 122). Sowohl die formelle, als auch die informelle Kommunikation gelten als wichtige Dimensionen von Kommunikation. Zu kommunizieren gilt als menschliches Grundbedürfnis, es kann also nicht verhindert werden, dass Menschen miteinander kommunizieren, sei es formell oder informell, offen oder verdeckt (vgl. Doppler & Lauterburg 2002, S. 355). Formelle Kommunikation findet zum Beispiel im Rahmen von Vorstandssitzungen oder Meetings statt, aber auch in Form von schriftlicher Kommunikation. Informelle Kommunikation hingegen findet „außerhalb des formellen Protokolls“ statt, beispielsweise in Form von privaten Gesprächen und E-Mails, oder am Rande eines formellen Meetings (Lauer 2014, S. 122). Im Rahmen von Mikropolitik geht es hierbei nicht selten darum eigene Interessen durchzusetzen und Einfluss nehmen zu können. Der Begriff „Mikro“ verdeutlicht, dass es sich hierbei um Vorgänge im Kleinen und häufig auch im Verborgenen handelt (vgl. ebd.). Informelle Kommunikation findet in der Regel häufiger statt, als formelle Kommunikation und hat besonders für Vorgänge des Change Management besondere Relevanz. „Nur wer diese Klaviatur der Kommunikation auch im Auge behält, wird informiert sein […] und selbst auch effektiv informieren und kommunizieren können" (Lauer 2014, S. 122).

Ein weiteres Gegensatzpaar der Kommunikation ist das der asymmetrischen und symmetrischen Kommunikation. Asymmetrische Kommunikation findet beispielsweise im Rahmen von Informationsweitergabe durch Rundmails statt, in denen über Neuigkeiten im Change Prozess berichtet wird (vgl. Lauer 2014, S. 123). Asymmetrische Kommunikation zeichnet sich dadurch aus, dass einer der Gesprächspartner das Gespräch aktiv lenkt, während dem anderen eine passive Rolle zugeschrieben wird (vgl. Dietz 2006, S. 7). Von symmetrischer Kommunikation spricht man, wenn ein Dialog stattfindet, sich Organisationsmitglieder miteinander unterhalten (vgl. Lauer 2014, S. 123). Im Rahmen von symmetrischer Kommunikation sind Rückfragen und Erläuterungen im Sinne der Rückkopplung möglich, während asymmetrische Kommunikation durch ihre Einseitigkeit geprägt ist (vgl. ebd.).

Das dritte Gegensatzpaar von persönlicher und medialer Kommunikation stellt keinen dichotomen Gegensatz dar, sondern ist viel mehr als Kontinuum zwischen zwei Extremen zu verstehen. Als persönlichste Form der Kommunikation kann ein Face-to-Face-Gespräch angesehen werden, während die medialste Form als eine TV-Ausstrahlung verstanden werden kann. Zwischen diesen beiden Extremen liegen viele verschiedene moderne Kommunikationsmedien, wie (Video-)Telefonie, Live-Chat, Onlinekonferenzen oder E-Mail und Brief. Persönliche Kommunikation spielt im Change Management eine große Rolle, da Kommunikation immer auch emotionale Aspekte enthält. Dennoch sollte die zunehmende Nutzung digitaler Medien und die damit zusammenhängenden Vorteile nicht außer Acht gelassen werden und in Prozessen des Change ebenfalls Beachtung finden (vgl. Lauer 2014, S. 123).

Analoge und digitale Kommunikation bilden das letzte Gegensatzpaar. „Menschliche Kommunikation bedient sich digitaler und analoger Modalitäten“ (Watzlawick et al. 1972, S. 68). Der Terminus digital bezieht sich hierbei nicht auf moderne Kommunikationstechnologien, sondern auf den Inhaltsaspekt gesprochener oder geschriebener Worte. Neben digitalen Modalitäten, bedient sich Kommunikation auch analoger Anteile, wie Gestik, Mimik, Tonfall und Proxemik. Besonders die analogen Anteile der Kommunikation bedürfen der Interpretation und Deutung durch den Empfänger, da diese im Verborgenen liegen (vgl. Lauer 2014, S. 123f.). Digitale und analoge Kommunikation können nicht getrennt voneinander betrachtetet werden, sondern ergänzen sich gegenseitig (vgl. ebd.).

8.2 Interne Kommunikation

In Deutschland, Österreich und der Schweiz investieren Unternehmen jährlich zweistellige Milliardenbeträge in die Unternehmenskommunikation. Das Gesamtvolumen dieser Ausgaben steigt stetig, ebenso wie die Umsätze der Dienstleistungsanbieter, die in diesem Bereich tätig sind (vgl. Zerfaß 2007, S. 21 f). Bei der Unternehmenskommunikation handelt es sich um den „verständigungsorientierten“ Austausch von Informationen mit internen sowie externen Stakeholdern einer Organisation beziehungsweise eines Unternehmens (Grundei & Werder 2015, S. 1).

Die vorliegende Arbeit fokussiert die Kommunikation innerhalb einer Organisation und ist daher dem Bereich der internen Kommunikation zuzuordnen. Die interne Kommunikation ist neben der Marktkommunikation und den Public Relations ein systematisch unterscheidbarer Teilbereich der Unternehmenskommunikation (vgl. Zerfaß 2007, S. 23). Beginnend in den USA in den 1990er Jahren breitete sich dieser Bereich angetrieben durch das neue Jahrtausend auch in Europa aus. Durch die Globalisierung, die Wirtschaftskrise, vermehrte Unternehmenszusammenschlüsse und -Übernahmen entstand ein drastischer Abfall des Vertrauens sowie der Verbundenheit der

Arbeitnehmer gegenüber ihrem Arbeitsgeber. Auf dieser Grundlage und um dem entgegenwirken zu können, entstand das Feld der internen Kommunikation, welches seither zu einer wichtigen Führungsaufgabe in Organisationen geworden ist. Fast jedes größere Unternehmen besitzt heute eine eigene Abteilung für interne Kommunikation (vgl. Vercic et al. 2012, S. 223f).

Nach dem Entwicklungssprung durch die Wirtschaftskrise sorgen neue Social-Media-Anwendungen in den letzten Jahren für einen erneuten Bedeutungszuwachs der internen Kommunikation (vgl. Huck-Sandhu 2016, S. 2f.). Die interne Kommunikation gehört zu einem der am schnellsten wachsenden Bereiche in der Öffentlichkeitsarbeit und im Kommunikationsmanagement. Doch was versteht man unter interner Kommunikation? Vercic et al. haben in ihrer Delphi-Studie herausgefunden, dass für die meisten Führungspersönlichkeiten interne Kommunikation gleichzusetzen ist mit „all forms of communication within the organization" (2012, S. 225). Sowohl Vercic et al. als auch Malczok und Szyszka bemängeln, dass der Terminus interne Kommunikation bisher keine präzise Ausdifferenzierung durch die Wissenschaft erfahren hat (vgl. Vercic et al. 2012; Malczok & Szyszka 2016, S. 21 ff.). Eine teils synonyme Verwendung der Begriffe „interne Kommunikation" mit „Mitarbeiterkommunikation" und „interne PR-Arbeit" zeigt die verwaschenen Grenzen des Begriffs (Szyszka 2006, S. 93). Begriffe wie Mitarbeiterkommunikation können nach Buchholz und Knorre jedoch anders als die interne Kommunikation den Anspruch einer wertschöpfenden Managementfunktion nicht erfüllen und greifen inhaltlich deutlich kürzer (2010, S. 30). Buchholz und Knorre verweisen darauf, dass interne Kommunikation durch Maßnahmen des Kommunikationsmanagements Einfluss auf die organisationsinternen Strukturen und Prozesse nehmen soll und das Ziel verfolgt die Sach- und Formalziele der Organisation optimal zu erreichen (2010, S. 30). Durch interne Kommunikation sollen also Entscheidungen und Wandel auf der Grundlage kommunikationstheoretischen Wissens erfolgen (vgl. Buchholz & Knorre 2010, S. 30).

Szyszka differenziert den Begriff der internen Kommunikation noch weiter aus und beschreibt sie als einen Typus der Organisationskommunikation, welcher drei Unterformen interner Kommunikation umfasst: Die formelle, die informelle, sowie die instrumentelle Kommunikation (2006, S. 93 f). Unter die formelle Kommunikation fallen alle Formen organisierender Kommunikation, die mit dem Erhalt und der Entwicklung der Organisation zu tun haben. Darunter fallen beispielsweise das Treffen organisationspolitischer Entscheidungen, die Informationsvermittlung im Rahmen von Managementprozessen sowie Prozesse der Kontrolle, Anleitung und Koordination (vgl. Szyszka 2006, S. 94). Die informelle Kommunikation schließt alle internen Prozesse von Kommunikation ein, die neben den formellen Prozessen ablaufen. Neben den formellen Strukturen bilden sich durch das soziale System innerhalb einer Organisation immer auch informelle Prozesse (vgl. Szyszka 2006, S. 94). Die instrumentelle Kommunikation beschreibt nach Szyszka eine interne organisationspolitische Managementanforderung, bei der mit den passenden Kommunikationsinstrumenten Einfluss auf die Wertschöpfungsbeiträge der MitarbeiterInnen genommen werden soll (vgl. ebd.).

Montua betont, dass interne Kommunikation heute vordergründig auf Nachhaltigkeit und Langfristigkeit ausgerichtet sei. Nach Montua soll sie die Zusammenarbeit fördern, die Mitarbeiterbindung stärken sowie Werte und Visionen der Organisation vermitteln (2020, S. 3). Kommunikation könne, richtig eingesetzt, die Mitarbeiterzufriedenheit und damit auch die Motivation und Effizienz steigern. Zudem soll interne Kommunikation eine gute Organisationskultur fördern (vgl. Montua 2020, S. 4). Montua geht außerdem auf die Bedeutung der internen Kommunikation in Veränderungsprozessen ein. Sie bezeichnet die interne Kommunikation als „DNA" eines Veränderungsprozesses, welche einen entscheidenden Einfluss darauf hat, ob Veränderungen wirklich gelingen (2020, S. 3). Diese „DNA" setze sich aus einer guten Strategie, der gemeinsamen Arbeit an der Organisationskultur sowie einem gut abgestimmten Medienmix zusammen (vgl. ebd., S. 5).

8.3 Change-Kommunikation

Die Interne Kommunikation bekam in der Praxis der Organisationen einen immer größeren Stellenwert in Veränderungsprozessen, wodurch sich Change-Kommunikation als eigenständige Disziplin innerhalb der Internen Kommunikation entwickelt hat (vgl. Deekeling & Arndt 2019, S. 550f). Durch ihre praktische Relevanz bestätigt ist der Begriff der Change-Kommunikation heute fester Bestandteil des Management Vokabulars (vgl. ebd., S. 546).

Unter Change-Kommunikation versteht man die Kommunikation während Veränderungsprozessen (vgl. Pfannenberg 2009, S. 12). Pfannenberg beschreibt sie als „Schlüsselfunktion des Change-Managements“ durch die kommunikativen Hemmnisse während eines Wandels reduziert werden sollen (ebd.). Change-Kommunikation, oft auch Veränderungskommunikation, Wandelkommunikation oder Change Communication, soll die Kommunikation während eines Veränderungsprozesses planen, strukturieren und organisieren (vgl. Deutinger 2017, S.3). Analog zu den diversen Definitionen des Change Managements implizieren diese Definitionen häufig auch ein bestimmtes Verständnis von der Change-Kommunikation (vgl. Kaune & Wagner 2016, S. 30). Deutinger benennt die Planung, die Strukturierung und die Organisation von Kommunikation als die wesentlichen Bestandteile der Change-Kommunikation und grenzt sie damit klar von der nicht organisierten Kommunikation ab, die ohnehin während eines Wandels stattfindet (2017, S. 3). Kernelement ist der Informationsaustausch, der Dialog zwischen Führung und MitarbeiterInnen und anderen Beteiligten. Change-Kommunikation ist immer befristet für die Dauer des Veränderungsprozesses (vgl. Deutinger 2017, S. 3). Die Bedeutung der Change-Kommunikation wird durch ihr angestrebtes Ziel deutlich, denn vorrangig soll eine Veränderung der Einstellung und des Verhaltens der Betroffenen stattfinden (vgl. Mast 2008, S. 407). Wandel innerhalb von Organisationen beruht darauf, dass die dort tätigen Personen ihre Einstellung und ihr Verhalten ändern müssen, was Kommunikationsmanagement sowohl auf der kognitiven als auch der emotionalen Ebene besonders bedeutsam macht (vgl. Mast 2020, S. 425). Kommunikation soll die Verhaltensänderung fördern und zu einer Reduktion des Verhaltens fördern, das den Wandel negativ beeinflussen könnte (vgl. Mast 2008, S. 407). Diese Zielvorgabe gilt als das „am schwersten zu erreichende Ziel im Kommunikationsmanagement" (ebd.). Kommunikation in Wandelprozessen findet in der Regel unter besonderem zeitlichem und emotionalem Druck statt, vertraute Pfade werden verändert und hohe Anforderungen an alle Beteiligten gestellt (vgl. ebd.).

9 Kommunikation im Change Management

Kommunikation spielt in Organisationen eine besondere Rolle. In der vom „Institut für Führungskultur im digitalen Zeitalter" veröffentlichten Metastudie, in der 61 Studien zu den Bereichen „Führung und Leadership" aus den Jahren 2012 bis 2018 ausgewertet wurden, wurde die Kommunikationsfähigkeit mit 57 Prozent als wichtigste Führungskompetenz aufgelistet (IFIDZ-Meta-Studie 2019). Im Ranking stehen noch 85 weitere Kompetenzen, wobei die Veränderungsfähigkeit am zweithäufigsten genannt wird (vgl. ebd.). Auch Vahs und Leiser betonen die Relevanz von Kommunikation in Organisationen. Sie gehen davon aus, dass in Organisationen ohnehin viel Kommunikation stattfindet, schätzen diesen Anteil während eines Wandels jedoch noch deutlich höher ein (2004, S. 52).

Im folgenden Kapitel wird daher zunächst auf die Relevanz von Kommunikation in Veränderungsprozessen eingegangen und die Kommunikation als Erfolgsfaktor herausgestellt, um dann die möglichen Funktionen, die Kommunikation während eines Change Prozesses erfüllen kann, näher zu erläutern.

9.1 Kommunikation als Erfolgsfaktor von Veränderungsprozessen

„Die Frage nach den erfolgsbeeinflussenden Faktoren von Veränderungsprozessen ist ebenso alt wie das Management des Wandels selbst“, schreiben Vahs und Weiand. Jahrelang wurden Veränderungsprozesse ausschließlich durch Ökonomen gestaltet und gesteuert. Es scheint als sei alles gesagt über das Thema Change Management, was es zu sagen gibt, doch auch Change Management wird agil und verändert sich (vgl. Capgemini 2017, S. 4, S. 65). Angetrieben durch das Scheitern eines Großteils der Change Management Prozesse, richtet sich das Forschungsinteresse daher zunehmend auch auf die „weichen“ Faktoren (Gerkhardt & Frey 2006, S. 48). Eine ganze Reihe an Veröffentlichungen zu Erfolgsfaktoren in Veränderungsprozessen zeigt, dass die MitarbeiterInnen einer Organisation einen erheblichen Stellenwert haben, wenn es um das Gelingen eines Wandels geht (vgl. ebd., S. 49). Dies erscheint nach dem in Kapitel 2 beschriebenen Organisationsverständnis nur folgerichtig. Gerkhardt und Frey haben in einem praxisnahen Konzept aufbauend auf entsprechenden Studien und wissenschaftlichen Artikeln eine Liste von 12 Erfolgsfaktoren für Change Management Prozesse zusammengestellt. Sie bedienen sich dabei unter anderem den viel zitierten Erfolgsfaktoren nach Kotter, sowie den acht Faktoren nach Doppler und Lauterburg und leiten daraus die folgenden übergreifenden Faktoren für die Praxis ab (vgl. ebd. 2006, S. 50):

1. Umfassende Symptombeschreibung und Diagnose
2. Vision/Ziele definieren
3. Gemeinsames Problembewusstsein
4. Führungskoalition/Befürworter
5. Kommunikation
6. Zeitmanagement
7. Projektorganisation und Verantwortlichkeit
8. Hilfe zur Selbsthilfe, Qualifikation und Ressourcen
9. Schnelle Erfolge

10. Flexibilität im Prozess
11. Monitoring/Controlling des Prozesses
12. Verankerung der Veränderung

Unter Punkt 5 wird Kommunikation explizit als Erfolgsfaktor benannt, implizit ist sie jedoch auch Teil einiger anderer von Gerkhardt und Frey aufgeführten Erfolgsfaktoren (vgl. Deutinger 2017, S. XVI). Eine bildhafte Vision (Punkt 2) muss ebenso kommuniziert werden wie das gemeinsame Problembewusstsein (Punkt 3), um Notwendigkeit, Einsicht, Motivation und Verbindlichkeit bei den MitarbeiterInnen erzeugen zu können (vgl. ebd.). Bei der Führungskoalition (Punkt 4) findet Kommunikation vor allem im Dialog der Führungskräfte statt. Es geht außerdem darum die Führung der Organisation als Unterstützer und Antriebskraft des Wandels darzustellen. Mit der Hilfe zur Selbsthilfe (Punkt 8) meinen Gerkhardt und Frey die „Selbstorganisation aller beteiligten Personen im Veränderungsprozess“ (Gerkhardt & Frey 2006, S. 53). Dabei geht es darum die Betroffenen am Wandel aktiv zu beteiligen und zu unterstützen, um so deren Motivation zu erhöhen. Als Instrumente nennen Gerkhardt und Frey neben personellen und finanziellen Ressourcen auch kommunikationsrelevante Aspekte, wie Beratung, Feedback-Gespräche und Moderation (vgl. ebd., S. 53 f). Die unter Punkt 9 aufgeführten schnellen Erfolge werden durch Kommunikation erst sichtbar gemacht und auch die Verankerung der Veränderung (Punkt 12) kann durch Kommunikation, durch ein „Weitersagen“, erfolgen (Deutinger 2017, S. XVII).

Auch in vielen anderen wissenschaftlichen Artikeln und Schriften wird Kommunikation immer wieder als einer der wichtigsten oder als der wichtigste Erfolgsfaktor benannt. „Wandelvorhaben brauchen Kommunikation“, schreibt beispielsweise Deutinger (2017, S. 3). „Kommunikation kann als eine Art Katalysator des Change Managements bezeichnet werden. Sie allein reicht nicht aus, um Wandel erfolgreich zu managen, aber ohne sie kann Wandel weder initiiert noch durchgeführt werden“, postuliert Lauer (2014, S. 124). Vahs und Weiand weisen ebenfalls explizit daraufhin, dass offene Kommunikation entscheidend für den Wandel innerhalb einer Organisation ist, und zählen Fehler in der Kommunikation als einen Grund für den Misserfolg von Wandel auf (2020, S. 19f.). Brehm bezeichnet Kommunikation als Querschnittsaufgabe des Change Managements, mit der Einfluss auf die Wandelbarkeit und die Bereitschaft zum Wandel genommen werden kann (2014, S. 237). Auch in den Ergebnissen aus der Studie von Vahs und Leiser spiegelt sich der Stellenwert der Kommunikation wider: In 95 % der befragten Organisationen zeigte sich offene und zeitnahe Kommunikation als signifikant erfolgswirksam für das Gelingen eines Change Management Prozesses (2004, S. 54).

9.2 Funktionen von Kommunikation in Veränderungsprozessen

Wie zuvor beschrieben, wird Kommunikation vielfach als erfolgskritischer Faktor in Prozessen des Change Managements benannt. Kommunikation stellt einen der wichtigen Erfolgsfaktoren im Wandel dar, auch wenn er nicht als einziger Faktor betrachtet werden kann (vgl. Mast 2020, S. 432). Kommunikation kann verschiedenste Aufgaben und Funktionen innerhalb eines Veränderungsprozesses einnehmen und erfüllen. „Veränderungsmanagement ist […] zum großen Teil Kommunikation" (Brehm 2014, S. 238). Kommunikation zieht sich durch alle Problemdimensionen des Wandels und kann diese positiv, wie negativ beeinflussen (vgl. ebd.). Brehm stellt die Funktionen von Kommunikation anhand der Problemdimensionen der rationalen Faktenvermittlung, sowie der emotionalen und politischen Perspektive des Wandels dar. Die rationale Funktion von Kommunikation ist das Bereitstellen von Informationen, häufig in Formen von Zahlen und Fakten. Diese rationale Seite ist zunächst der reine Austausch von Sender und Empfänger. Aus emotionaler Sicht kann Kommunikation den Wandelprozess maßgeblich beeinflussen, indem Gefühle, Wertschätzung und Interesse vermittelt werden (vgl. ebd., S. 238f.). Im Rahmen einer Studie stimmten etwa neunzig Prozent der Befragten zu, dass Kommunikation einen Einfluss auf die Emotionen nehmen kann, die ein Wandel innerhalb einer Organisation auslöst (vgl. Lies

2011, S. 63). Im Rahmen der politischen Dimension von Kommunikation beschreibt Brehm vor allem mikropolitische Möglichkeiten der Einflussnahme und der Machtausübung: Kommunikation kann aus dieser Perspektive Vertrauen schaffen, oder eben zerstören. (vgl. Brehm 2014, S. 238f.).

Nach Lauer erfüllt Kommunikation folgende Aufgaben innerhalb von Veränderungsprozessen (2014, S. 124f.):

Kommunikation schafft Transparenz. Für einen erfolgreichen Wandel ist es notwendig, dass alle Beteiligten und Betroffenen mit den notwendigen Informationen versorgt sind. Dabei geht Lauer darauf ein, dass die Gründe und die Notwendigkeit für den Wandel transparent und deutlich gemacht werden müssen. Neben den Gründen sollten außerdem die Vision und das Ziel bekannt sein. Die Beteiligten sollten wissen, welches Ziel angestrebt und welcher Zustand durch die Veränderung erreicht werden soll (vgl. Lauer 2014, S. 124f.). Nach Brehm erzielen Information und Transparenz Wirkung auf der rationalen Ebene, sie sorgen dafür, dass die Veränderung zunächst von den Betroffenen wahrgenommen wird und können dann durch die Durchschaubarkeit des Vorgehens zu einer positiven Bewertung des Wandelvorhabens führen (2014, S. 243).

Durch Kommunikation sollen Widerstände sichtbar gemacht und reduziert werden. Widerstände entstehen in der Regel aus fehlgeschlagener Kommunikation und können daher auch nur durch Kommunikation aufgelöst oder überwunden werden (vgl. Lauer 2014, S. 124f.).

Prozesse des Change Management können durch Kommunikation im Sinne einer positiven Rückkopplung angefacht werden. Gerade zu Beginn eines Veränderungsprozesses herrscht viel Skepsis unter den Beteiligten, umso wichtiger ist es daher, dass schnell Erfolge bei den Beteiligten sichtbar werden. Ein Feedback ist daher besonders wichtig und kann die Motivation nicht nur erhalten, sondern sogar vergrößern (vgl. ebd.).

Das Gelingen von sozialer Integration kann durch Kommunikation gefördert werden. Gerade in Veränderungsprozessen kommt es vermehrt zum Zusammenarbeiten fremder Personen. Sprachliche, also digitale Kommunikation, kann als Basis für diese Zusammenarbeit gesehen werden (vgl. ebd.).

Auch Stolzenberg und Heberle gehen auf die Notwendigkeit von Kommunikation in Veränderungsprozessen ein. Erst durch Kommunikation kann eine Auseinandersetzung mit der Veränderung stattfinden. Neben der Überlieferung von Informationen benennen Stolzenberg und Heberle außerdem folgende Funktionen von Kommunikation (2013, S: 69f.):

Durch Kommunikation kann auf die Gefühle und Stimmungen der Beteiligten eingegangen werden. Typische Emotionen, wie Furcht, Wut, Überraschung oder Freude, können zutage gefördert und besprochen werden (vgl. Stolzenberg & Heberle 2013, S. 69f.). Veränderungen lösen Angst bei den Betroffenen aus, manche ziehen sich daher zurück und wollen nicht auffallen, andere zeigen sich unmotiviert oder verweigern sich, während wieder andere Aktionismus zeigen (vgl. Mast 2020, S. 425).

Durch Kommunikation kann außerdem Feedback von den Beteiligten eingeholt werden. Hierzu können Rückmeldungen im Einzelgespräch oder in Teamrunden gesammelt werden. Stolzenberg und Heberle betonen hierbei die Möglichkeit die Akzeptanz für den Wandel durch solche dialogischen Kommunikationsanlässe zu steigern (vgl. Stolzenberg & Heberle 2013, .69f.). Auf die Bedeutung dialogischer Kommunikation für den Wandelprozess wird in einem späteren Teil der Arbeit noch näher eingegangen.

10 Kommunikation in den Phasen des Wandels

Kommunikation begleitet den Veränderungsprozess in allen Phasen. Beginnend damit wie der Start eines Veränderungsprozesses kommuniziert wird, bis hin zu der Art und Weise wie man Beteiligte zu Gesprächen einlädt. Sie zieht sich durch die ganze Spanne eines Veränderungsprozesses, wie eine „neuralgische Lebensader" (Meiler 2020, S. 124). Je nachdem, in welcher Phase des Wandels sich die Organisation befindet, sollten verschiedene Instrumente zur Kommunikation eingesetzt werden und die Kommunikation wird an die Phase des Wandels angepasst (vgl. Lauer 2014, S. 121). Das folgende Kapitel beschäftigt sich mit der Kommunikation entlang der Phasen Unfreeze, Moving und Freeze nach Lewin.

10.1 Unfreeze

Kotter sieht besonders in der Anfangsphase eines Veränderungsprozesses den erfolgskritischsten Zeitpunkt, an dem die meisten Schwierigkeiten auftreten und die größten Fehler von Führungspersonen begangen werden können (vgl. Kotter 2009, S. 13). Unabhängig von der Tragweite eines Wandelvorhabens gilt der erste Schritt des als essenziell für den Erfolg des Veränderungsprozesses (vgl. Hayes 2010, S. 29).

„Dort wird die Grundlage für alles Folgende gelegt, dort muss es gelingen, ausreichend Verständnis für die Dringlichkeit der Veränderung zu schaffen. Wir haben gelernt, dass ein gemeinsames, ausgeprägtes Verständnis für diese Dringlichkeit die Schlüsselressource im Umgang mit veränderungsbezogenen Problemen ist“ (Kotter 2009, S. 13). Kotters „Bombenwurftheorie“, die das absichtliche Herbeiführen einer Krise für das Dringlichkeitsgefühl beschreibt, gilt heute als veraltet (vgl. Pfannenberg 2009, S.24) „Echte Führungspersönlichkeiten schaffen diese Art künstlicher Krisen“, schreibt Kotter (2012, S, 39f). Veränderungsprozesse, die der Strategie des Bombenwurfs folgten, waren jedoch meist nicht nachhaltig und das Veränderungspotential wurde von Ängsten der MitarbeiterInnen überschattet (vgl. ebd.). Angst kann den Wandel blockieren und das kreative Mitgestalten der MitarbeiterInnen gänzlich verhindern (vgl. Doppler 2000, S. 286). Dennoch müssen Systeme in Irritation und Unruhe versetzt werden, um sich ändern zu können. Wenn die Verhaltensmuster bleiben, wie zuvor, und alle Bedingungen und Abläufe als zufriedenstellend wahrgenommen werden, wird an Gewohnheiten festgehalten und einer Veränderung wird resistent widerstrebt (vgl. ebd.). Doppler beschreibt diese Phase als „Gratwanderung“, bei der man ständig die konstruktive Beunruhigung, sowie die Ängste der Betroffenen im Blick behalten muss (2000, S. 286). Dringlichkeit, oder auch der „Sense of Urgency“, gilt als Grundlage für die Erkenntnis, dass der Prozess auch positive Veränderungen mit sich bringt, die den einzelnen MitarbeiterInnen dienen (vgl. Lies & Schoop 2011, S. 67). Lies und Schoop nennen als Voraussetzung zum Bilden dieser Erkenntnis das Auflösen von bestehenden Komfortzonen (vgl. ebd.). Beim Auflösen dieser Komfortzonen entsteht gleichzeitig die Angst vorm Verlust des Gewohnten (vgl. ebd., S. 71). Der „Sense of Urgency“ stellt einen wichtigen Anreiz zum Verlassen der Komfortzone dar. Wenn das angestrebte Ziel der Veränderung Sicherheit oder Verbesserung verspricht, wächst die Motivation der MitarbeiterInnen sich in die Lernzone zu begeben (vgl. ebd.). Auch die Offenlegung des Risikos bei Nichtveränderung kann dazu genutzt werden, um MitarbeiterInnen zu mobilisieren (vgl. Pfannenberg 2009, S. 24). Wenn die MitarbeiterInnen keinen Sinn in dem angestrebten Wandel erkennen können, kann die gewünschte Einstellungs- und Verhaltensänderung nur schwerlich herbeigeführt werden (vgl. Capgemini 2012, S. 17). Dabei wägen die MitarbeiterInnen ihre individuellen Vor- und Nachteile, die sich aus dem Change ergeben, ab und stellen eine Kosten-Nutzen-Bilanz auf. Erst wenn diese Bilanz für die Betroffenen positiv ausfällt, steigt die Akzeptanz für das Vorhaben (vgl. Mast 2008, S. 420). Anders als bei der Bombenwurftheorie soll das Erzeugen von Dringlichkeit jedoch schrittweise erfolgen, Risiken und Notwendigkeiten der Veränderungen sollten aufgezeigt werden und erste Hinweise auf Chancen gegeben werden (vgl. Pfannenberg 2009, S. 24).

In Bezug auf die der Arbeit zugrunde liegende Fragestellung lässt sich bereits hier erkennen, dass MitarbeiterInnen schon in dieser ersten Phase wichtige Informationen erhalten müssen, um sich auf das Veränderungsvorhaben einlassen zu können. Denn neben dem Erzeugen von Dringlichkeit, kann auch das Informieren über Ziel- und Zeitvorgaben in dieser Phase die Einsicht der Betroffenen positiv beeinflussen (vgl. Vahs & Weiand 2020, S. 22). Die MitarbeiterInnen benötigen eindeutige Informationen über die Zielsetzungen, die Maßnahmen sowie den angestrebten Zeitrahmen des Wandelprozesses (vgl. ebd.). Ohne diese Informationsweitergabe mangelt es den betroffenen MitarbeiterInnen an Orientierung und die Veränderung droht bereits hier zu scheitern (vgl. Capgemini 2012, S. 20). Kommunikation kann als ein Weg zum Erreichen von Veränderung gesehen werden, mit dem beeinflusst werden kann, wie die Betroffenen die Prozesse wahrnehmen und psychisch verarbeiten (vgl. Mast 2020, S. 433). Bevorstehende Veränderungen werden nach Mast dreidimensional bewertet: Auf der konativen Ebene wird die Korrespondenz der vorhanden und der erwarteten Kompetenzen abgewägt. Bei der kognitiven Ebene werden die erhaltenen Informationen hinsichtlich des bisherigen Wissensbestandes geprüft, während bei der affektiven Ebene Emotionen angesprochen werden, die ihrerseits eine enge Verknüpfung zur Motivation darstellen. Entstehen bei den Beteiligten Diskrepanzen auf diesen drei Ebenen, oder nehmen sie die Informationen der Leitung als widersprüchlich wahr, sinken die Erfolgswahrscheinlichkeiten für das Veränderungsvorhaben drastisch. Der Blick auf die emotionalen Bedürfnisse und die Wahrnehmung der MitarbeiterInnen erscheint auf dieser Grundlage als wichtiger Faktor und sollte von der Führungsperson unbedingt bedacht werden (vgl. Mast 2020, S. 434). Um die Motivation der MitarbeiterInnen also wecken zu können, müssen sie unbedingt zu Beginn des Vorhabens einbezogen werden und die Veränderungsnotwendigkeit muss für die gesamte Organisation nachvollziehbar und auch emotional erfahrbar gemacht werden (vgl. Frei 2018, S. 110). „Wenn du ein Schiff bauen willst, dann rufe nicht die Menschen zusammen, um Holz zu sammeln, Aufgaben zu verteilen und die Arbeit einzuteilen, sondern lehre sie die Sehnsucht nach dem großen, weiten Meer“ (Saint-Exupery nach Frei 2018, S. 108).

Die folgenden Unterkapitel befassen sich daher zunächst mit der Vision, als geeignetem Mittel um Veränderungsdrang und ein Bild der Zukunft herzustellen. Dazu werden zunächst Charakteristika einer Vision dargestellt, um in einem nächsten Schritt praktische Hinweise im Sinne eines Visions-Workshops für das Erarbeiten der Vision innerhalb einer Organisation zu geben. Anschließend wird auf das Kommunizieren der Vision eingegangen.

10.1.1 Die Vision

Eine Veränderung von Verhalten herbeizuführen ist ein komplexes Unterfangen, das nicht erzwungen werden kann, da die MitarbeiterInnen zunächst davon überzeugt werden müssen, sich verändern zu wollen (vgl. Frei 2018, S. 9). Kotter geht darauf ein, dass ein Erzeugen von Dringlichkeit notwendig, jedoch nicht ausreichend für einen erfolgreichen Wandel ist. Keine seiner darauffolgenden Schritte sei wichtiger als eine sinnvolle Vision (vgl. Kotter 2011, S. 6). Auch wenn MitarbeiterInnen Veränderungsdrang verspüren und mit dem Status quo unzufrieden sind, werden sie den Wandel nicht vorantreiben, solange sie nicht davon überzeugt sind, dass die Vorteile für sie überwiegen. Sie müssen an eine sinnvolle und bildhafte Vision glauben können (vgl. ebd., S. 7f). Um die Initiative der MitarbeiterInnen zu erlangen ist ein gemeinsames Bild der Zukunft notwendig, das die Frage danach beantwortet, wozu die Veränderung dient (vgl.

Berger et al. 2008, S. 31). Eine von den MitarbeiterInnen und vom Management getragene gemeinsame Vorstellung der Zukunft kann die Akzeptanz für das Änderungsvorhaben erhöhen und für Klarheit und Sicherheit sorgen (vgl. ebd.). Durch die Vision wird implizit oder explizit ein Abbild der Zukunft geschaffen, welches die Mitglieder einer Organisation dazu motivieren soll dieses Bild der Zukunft anzustreben (vgl. Kotter 2011, S. 60). Eine gut formulierte und attraktive Vision kann Entscheidungen vereinfachen, indem sie die Richtung des Veränderungsvorhabens definiert. Sie kann außerdem die Beteiligten dazu animieren ihr Handeln danach auszurichten, was die Vision vorgibt und ermöglicht ein effizientes Koordinieren entlang der vorgegebenen Richtung (vgl. ebd.). „Die Vision hüllt eine Organisation ein, sie ist gleichzeitig das Ruder, das den Lernprozess bei Belastungen auf dem richtigen Kurs hält" (Brandl 2021, S. 66). Wenn die Richtung des Wandels durch die Vision definiert wurde, können Entscheidungen leichter gefällt werden und finanzielle, wie zeitliche Ressourcen eingespart werden (vgl. Kotter 2011, S. 60).

10.1.2 Charakteristika von Visionen

Mit der Vision wird der durch den Wandel angestrebte Zustand, der Ziel-Zustand, der Organisation beschrieben. Die Vision beschreibt eine Alternative zur aktuellen Realität der Organisation (vgl. Frei 2018, S. 114f). Der Begriff Vision klingt zunächst eher mystisch, geheimnisvoll oder nach etwas sehr Großem (vgl. Kotter 2011, S. 62; Strasser et al. 2011, S. 9). „Wer Visionen hat, sollte zum Arzt gehen", sagte 1980 Altkanzler Helmut Schmidt (Schmidt nach Berger et al. 2008, S. 31). Visionen sind jedoch keine unrealistischen Zukunftsbilder, sie beschreiben einen in der Zukunft realisierbaren Zustand der Organisation, wenn gleich dieser auch nur mit der entsprechenden Anstrengung zu erreichen ist (vgl. Lauer 2014, S. 109). Organisations- und Motivationspsychologen sehen in der Vision Bilder einer erstrebenswerten und zugleich realisierbaren Zukunft, durch die Menschen zu Höchstleistungen motiviert werden können (vgl. Strasser et al. 2011, S. 9).

Davon abzugrenzen ist die Strategie, welche das Vorgehen beschreibt, um vom Ist-Zustand zum gewünschten Ziel-Zustand zu kommen. Die Strategie und andere Umsetzungspläne folgen einer rationalen Logik, während die Vision eher die emotionale Seite des Veränderungsprozesses bedient (vgl. Frei 2018, S. 114f). Visionen, als mentale Bilder, wirken emotional auf die Betroffenen, weil sie implizite Bedürfnisse von Menschen anregen können (vgl. Strasser et al. 2011, S. 9). Auch der verwandte Begriff der Mission ist von der Vision abzugrenzen. Mit der Mission soll ein Bild nach außen hin vermittelt werden (vgl. Lauer 2014, S. 109f). Im Rahmen dieser Arbeit geht es nur um die Vision des Veränderungsvorhabens, nicht etwa um die übergeordnete Vision der Organisation, welche generell als Rahmenbedingung gilt, auch für den Wandelprozess (vgl. Frei 2018, S. 114f).

Nach Frei hat eine Vision zwei Komponenten. Sie beschreibt einerseits das durch den Wandel angestrebte Verhalten und die Handlungsweisen. Andererseits definiert sie Resultate, die aus diesem Verhalten entstehen, wie beispielsweise Einsparungen (vgl. Frei 2018, S. 114f).

In der Theorie bestehen verschiedene Kriterien oder Charakteristika, die eine gute Vision erfüllen sollte. Kotter hat die Eigenschaften einer effektiven Vision folgendermaßen definiert (vgl. Kotter 2011, S. 63). Eine Vision muss:

- Vorstellbar sein, das heißt ein Bild davon vermitteln, wie die Zukunft der Organisation aussehen soll.
- Erstrebenswert sein und damit die Interessen der verschiedenen Stakeholder bedienen.
- Machbar sein, das heißt die formulierten Ziele müssen erreichbar und für die Organisation realistisch sein.
- Fokussiert und spezifisch genug sein, um eine Richtung für Entscheidungen vorgeben zu können.
- Flexibel gestaltet sein, um anpassungsfähig auf bestimmte Gegebenheiten antworten zu können.
- Kommunizierbar sein, das heißt sie muss kurz und prägnant erklärbar sein.

Stolzenberg und Heberle fassen Kotters letztes Charakteristikum anschaulich zusammen. Eine Vision sollte demnach so prägnant sein, dass sie sich „gut lesbar auf ein T-Shirt drucken ließe“ und so ausdifferenziert sein, dass sie nicht auch für „den Betreiber eines Parkhauses passen könnte“ (Stolzenberg & Heberle 2013, S. 17).

Auch Lauer geht auf die Prägnanz in Bezug auf die jeweilige Organisation ein. Durch eine individuelle und prägnante Vision kann der spezifische Veränderungswunsch zum Ausdruck gebracht werden (2014, S. 112). Lauer nennt außerdem noch vier weitere Kriterien, die eine gute Vision erfüllen sollte. Die Vision sollte ethisch korrekt formuliert sein und die Interessen der Stakeholder miteinbeziehen, sowie klar und verständlich für die betroffenen Personen sein. Die Vision sollte zudem operationalisierbar sein, das heißt für die in der Vision angedeutete Zukunft sollten sich passende Maßnahmen finden lassen, um sie umsetzen zu können (vgl. Lauer 2014, S. 112f).

Die Vision sollte zudem eine motivationale Wirkung bei den MitarbeiterInnen erzeugen und damit einen Zustand umschreiben, der für die Beteiligten wünschenswert ist. Das Bild der Zukunft muss eine gewisse Faszination ausstrahlen, ohne zu unrealisierbar zu erscheinen (vgl. Lauer 2014, S. 112f). Strasser et al. haben in ihrer Studie herausgefunden, dass Visionen dann als motivierend fungieren, wenn sie zwei Voraussetzungen erfüllen: Sie müssen bildhaft und gut vorstellbar sein und sie müssen mit den impliziten Motiven der Menschen zusammenpassen (2011, S. 9). Motive beeinflussen, wie Menschen ein bestimmtes Ziel bewerten und wahrnehmen, indem sie bestimmte Aspekte hervorheben und andere in den Hintergrund rücken lassen. Durch implizite Motive wird das Verhalten so gesteuert, dass diese befriedigt werden können. In der Forschung gelten das Leistungsmotiv, das Anschlussmotiv, sowie das Machtmotiv als anerkannt. Beim Leistungsmotiv steht der Gedanke im Mittelpunkt sein Bestes geben und sich selbst verbessern zu wollen. Während es beim Anschlussmotiv darum geht in Kontakt mit anderen zu treten und Freundschaften zu schließen, möchte die jeweilige Person bei Vorherrschen des Machtmotivs andere beeinflussen (vgl. ebd.).

10.1.3 Eine Vision erarbeiten

Um mit dem Entwickeln einer Vision beginnen zu können, ist es zunächst erforderlich, dass die Managementverantwortlichen die jeweilige Situation hinsichtlich des aktuellen Standes analysieren und sich darüber im Klaren werden, wie die MitarbeiterInnen und andere betroffene Personen dem Veränderungsvorhaben gegenüberstehen (vgl. Frei 2018, S. 96).

Eine Vision entsteht meist durch Impulse aus der internen oder externen Umwelt der Organisationen, beispielweise durch fachliche Neuerungen. Auf Grundlage einer Einschätzung der aktuellen Situation, erfolgen Zielsetzungen für die Zukunft. Ein „attraktiver Zielzustand", die Vision, wird formuliert und durch Maßnahmen, Projekte und Abläufe konkretisiert (Stolzenberg & Heberle 2013, S. 14). Visionen sind jedoch nicht als Ziele zu verstehen und zu formulieren, sondern weisen über gemeinsame Zukunftsideen die Richtung des Veränderungsprozesses und seiner weiteren Schritte (vgl. Schulze 2007, S. 207). Nach Schulze scheitert das Herleiten der Vision häufig dadurch, dass sich ihr zu kognitiv genähert wird. Durch intensives Nachdenken gelangen die einzelnen Beteiligten zu eigenen Visionen, „meist sind es eher Ziele" (Schulze 2007, S. 207). Visionen basieren jedoch, wie bereits im vorherigen Kapitel beschrieben, auf Emotionen und sollen den Beteiligten eine gemeinsame Richtung, einen Anspruch vermitteln, der sie eint und ansport (vgl. ebd.). Stattdessen gelangen die Einzelnen häufig nicht an den emotionalen Teil der Vision und es bilden sich mehrere individuelle Visionen, die miteinander verglichen werden. Nicht selten kommt es dadurch zu Differenzen, Spannungen und zu Frustration. Da Ziel einer Vision das Gegenteil ist, nämlich die Ideen der Beteiligten zu akkommodieren und sie in eine gemeinsame Richtung zu lenken, ist dem Herleiten einer Vision besondere Aufmerksamkeit entgegenzubringen (vgl. ebd.).

Zu Beginn einer Visionsentwicklung steht in der Regel ein sogenannter Visionsworkshop (vgl. Stolzenberg & Heberle 2013, S. 17; Schulze 2007, S. 208). Stolzenberg und Heberle stellen die Relevanz der Analyse des Ist-Zustandes und der daraus resultierenden Bewertung für die Zukunft als Grundlage für die Visionsentwicklung dar (2013,

S. 17). Um mit dem Entwickeln einer Vision beginnen zu können, ist es zunächst erforderlich, dass die Managementverantwortlichen die jeweilige Situation hinsichtlich des aktuellen Standes analysieren und sich darüber im Klaren werden, wie die MitarbeiterInnen und andere betroffene Personen dem Veränderungsvorhaben gegenüberstehen (vgl. Frei 2018, S. 96). Trotz des emotionalen Charakters einer Vision, sollte sie daher „auf der Basis einer fundierten Analyse und mit Weitsicht entwickelt werden" (vgl. Stolzenberg & Heberle 2013, S. 19). Als Instrument nennen Stolzenberg und Heberle unter anderem die „Strenghts-Weaknesses-Opportunities-Threats-Analyse", kurz SWOT-Analyse, mit der im Vorfeld Chancen und Risiken gegenübergestellt werden (vgl. ebd., S. 21). Aufgrund des Umfangs wird das Vorgehen der SWOT-Analyse hier nicht weiter ausgeführt (vertiefend dazu Stolzenberg & Heberle 2013, S. 22), es sollte dennoch deutlich geworden sein, dass eine Analyse die Grundlage für das Entwickeln einer effektiven Vision darstellt. Bei der Zusammensetzung der Teilnehmer eines solchen Workshops sollten Managementverantwortliche außerdem die Mikropolitik und damit die Wirkungskraft informeller Kommunikation beachten (vgl. Lauer 2014, S. 122). Wie bereits im Kapitel „Grundlagen der Kommunikation" beschrieben, kann auch das Einsetzen von bestimmten Personen in solchen Workshops dazu beitragen selbst Informationen aus dem Team zu erhalten oder dafür sorgen effektiver informieren und kommunizieren zu können (vgl. ebd.).

Die Entwicklung einer Vision kann mit verschiedenen Methoden unterstützt werden. Allgemein kann zwischen kognitiven und analogen Methoden differenziert werden. Kognitive Methoden arbeiten vor allem sehr verstandsorientiert, während bei analogen Methoden auch die Sinne angesprochen werden sollen und viel auf kreativer Ebene gearbeitet wird (vgl. Stolzenberg & Heberle 2013, S. 19).

Aufgrund der zuvor beschriebenen dominierenden emotionalen Ebene einer Vision, soll im Folgenden eine analoge Methode zur Visionsentwicklung vorgestellt werden. Schulze stellt eine Methode dar, mit der es den Beteiligten ermöglicht werden soll, auf Ebene der emotionalen Steuerung zu einer gemeinsamen Vision zu gelangen. Er verwendet dafür den Terminus „Visionsarbeit" (Schulze 2007, S. 207 ff).

Die von Schulze beschriebenen fünf Schritte, um über diesen emotiven Weg zur Vision zu gelangen, sehen folgendes Vorgehen vor:

1) Die Kreativphase

Nachdem ein Moderator oder eine Moderatorin durch theoretische Inputs für ein gemeinsames und einheitliches Verständnis von Visionen und deren Abgrenzung zu Zielen gesorgt hat, kann die Kreativphase beginnen. In diesem ersten Schritt werden alle Teilnehmer dazu aufgefordert ihre Vision für die Organisation mit Wachsmalstiften aufzumalen. Die Beteiligten sind angehalten in sich hineinzuhören und auf der Grundlage dieses Gefühls ihre Ideen auf das Papier zu bringen. Dabei ist darauf zu achten, dass die Teilnehmer sich dreißig Minuten lang ungestört auf diese Aufgabe einlassen können. Am Ende dieser Phase werden die Bilder an einer Wand gesammelt (vgl. Schulze 2007, S. 208 f).

Stolzenberg und Heberle erweitern diese Phase noch durch andere Darstellungsmöglichkeiten und bieten den TeilnehmerInnen außerdem die Möglichkeit neben der bildlichen Gestaltung auch Bausteine und Figuren, wie solche von Lego oder Playmobil, zu verwenden (vgl. Stolzenberg & Heberle 2013, S. 24). Sie stellen außerdem Leitfragen auf, die es den Beteiligten ermöglichen sollen, zu einer konkreten Idee zu gelangen. Unter anderem nennen sie Fragen, wie: Wer steht in der Zukunft im Mittelpunkt der Organisation und wie ist die allgemeine Stimmung? Was sind Elemente, die unbedingt in ihrer Darstellung Platz haben sollten? (vgl. ebd.).

2) Die Galeriephase

In einem zweiten Schritt werden die ausgestellten Werke in einem Zeitrahmen von 15 Minuten von den TeilnehmerInnen angeschaut. In dieser Phase soll sich jeder einzeln mit den Bildern auseinandersetzen und sich Bilder der anderen aussuchen, die ihn oder sie besonders ansprechen (vgl. Schulze 2007, S. 209).

3) Die Interpretationsphase

Auch in dieser Phase sollen sich die TeilnehmerInnen noch allein mit den ausgewählten Bildern beschäftigen. Dazu sollen sie die Bilder und deren Wirkung beschreiben und dies mithilfe von Moderationskarten stichwortartig festhalten. Am Ende dieses Schritts, etwas nach 25 Minuten, werden die Karten eingesammelt, gemischt und für die nächste Phase bereitgehalten (vgl. Schulze 2007, S. 209).

4) Die Auswertungsphase

Die gemischten Karten werden in dieser Phase an Kleingruppen von maximal vier Personen verteilt, mit dem Auftrag den Inhalt zu diskutieren und ihn auf ein oder zwei Karten festzuhalten. Am Ende dieser Gruppenarbeitsphase werden auch diese Ergebnisse eingesammelt, welche nun schon eine prägnante Idee von der zu entwickelnden Vision bieten und an der Wand aufgehängt (vgl. Schulze 2007, S. 209 f).

Stolzenberg und Heberle lassen diesen dritten Schritt aus, gehen dann aber ähnlich vor wie Schulze es beschreibt, mit dem Unterschied, dass in ihrer Vorgehensweise die Inhalte nicht auf Moderationskarten gesammelt, sondern direkt im Plenum besprochen und diskutiert werden (vgl. Stolzenberg & Heberle 2013, S. 25). Bei beiden Vorgehensweisen wird durch ein Diskutieren der Inhalte die Basis für das Formulieren einer einheitlichen Vision gelegt.

5) Die Konklusionsphase

Am Anfang dieser Phase werden erneut die Karten an der Wand sowie deren Inhalte diskutiert und auf deren Basis erste Ideen für den Wortlaut der Vision gesammelt. Die Vision sollte im Präsens formuliert sein, auch wenn sie sich auf einen Zustand in der Zukunft bezieht. Elementar für den Erfolg einer Vision ist, dass erneut die Akzeptanz der MitarbeiterInnen in den Blick genommen wird und ein Einverständnis in der konkreten Formulierung zustande kommt (vgl. Schulze 2007, S. 210 f).

Unabhängig davon, ob für das Entwickeln einer Vision eine kognitive oder eine analoge Methode, wie die der Visionsarbeit nach Schulze, verwendet wird, sollte die Vision hinsichtlich der zuvor genannten

Kriterien und Charakteristika geprüft und untersucht werden (vgl. Lauer 2014, S. 117ff).

10.1.4 Eine Vision kommunizieren

> „Eine großartige Vision kann einem guten Zweck dienen, auch wenn sie nur von wenigen Schlüsselpersonen verstanden wird. Aber die wahre Kraft entfaltet eine Vision dann, wenn die meisten […] beteiligten Personen ein gemeinsames Verständnis ihrer Ziele und ihrer Richtungsvorgaben haben“ (Kotter 2011, S. 73).

Um die Vision kommunizieren zu können, ist es wichtig sich zunächst Gedanken darüber zu machen, an wen die Vision kommuniziert werden soll. Der Kreis der Beteiligten aus dem Workshop wird um weitere Personen erweitert (vgl. Frei 2012, S. 122). Je mehr Personen an der Entwicklung der Vision beteiligt waren, desto weniger Aufwand braucht es die Vision zu kommunizieren. Bereits bei der Auswahl der Beteiligten am Visionsentwicklungsprozess sollte darauf geachtet werden, dass Personen vertreten sind, die eine gewisse Macht in der Organisation innehaben und damit auch gute Möglichkeiten die Vision umzusetzen und weiterzutragen (vgl. Stolzenberg & Heberle 2014, S. 18f.).

Um eine Vision effektiv und nachhaltig vermitteln zu können, sollten möglichst viele verschiedene Medien und Kanäle genutzt werden (vgl. Kotter 2011, S. 79). „Wenn die gleiche Nachricht die Mitarbeiter aus sechs unterschiedlichen Richtungen erreicht, steigt die Wahrscheinlichkeit, dass sie gehört wird und in Erinnerung bleibt“ (Kotter 2011, S. 79). Dabei ist es sehr individuell mit welchen Kanälen die betreffenden Personen die Informationen am besten aufnehmen (vgl. Maximini 2018, S. 62) Die Weitergabe der Vision mithilfe unterschiedlicher Kanäle, wie beispielsweise Vorträge, E-Mails, Mitarbeitergespräche, Artikel in der firmeninternen Zeitung, Workshops oder Flyer, ist daher ratsam (vgl. ebd.).

Ist die Vision dann durch einen oder mehrere der genannten Kanäle angekommen, ist es wichtig diese durch mehrfache Wiederholungen im Langzeitgedächtnis der betreffenden Person zu speichern. „Unser Gehirn entsorgt alles, was es für unwichtig hält, binnen 24 Stunden", schreibt Maximini (2018, S. 62). Die verschiedenen Kanäle sollten demnach so häufig wie möglich genutzt werden. Die effektivste Form der Informationsweitergabe ist die der bidirektionalen Interaktionen, also solchen Angeboten, bei denen die betroffenen MitarbeiterInnen aktiv eingebunden werden (vgl. ebd.). Diese Form der Kommunikation bietet das scheinbare Risiko, dass das Gegenüber in Form von Feedback Kritik an der Vision äußern kann, die die Managementverantwortlichen zu einer Korrektur zwingt. Diese „Feedback-Schleife" kann jedoch als Form der Risikominimierung gesehen werden, da sie mögliche Mängel in der Vision und in Veränderungsvorhaben deutlich macht, die sonst vielleicht zu einem Scheitern des Prozesses geführt hätten (vgl. ebd.). Durch den Dialog haben die MitarbeiterInnen außerdem die Möglichkeit sich mit der Vision auseinanderzusetzen und Hintergründe sowie Konsequenzen zu begreifen, was es ihnen erleichtern soll, die Informationen in das tägliche Handeln miteinzubeziehen (vgl. Stolzenberg & Heberle 2014, S. 29).

Stolzenberg und Heberle schlagen zur Kommunikation der Vision konkrete Methoden vor. Nach einem Kick-Off für Führungskräfte halten sie auch ein Visions-Kick-Off für MitarbeiterInnen für sinnvoll (vgl. Stolzenberg & Heberle 2014, S. 30 ff.). Da sich die vorliegende Arbeit mit der Kommunikation auf der Ebene der MitarbeiterInnen beschäftigt, wird im Folgenden lediglich kurz auf die Kick-Off-Veranstaltung für MitarbeiterInnen eingegangen.

Um aus der Vision Bedeutung für die MitarbeiterInnen generieren zu können, eignet sich eine Informationsveranstaltung, in der alle betroffenen Personen die notwendigen Informationen und Hintergründe erfahren (vgl. Stolzenberg & Heberle, S. 39). Dazu wird zunächst die Vision mittels Leinwand oder Präsentationsmedien vorgestellt (vgl. ebd.). Frei weist darauf hin, dass die Vision möglichst emotional und anschaulich übermittelt werden sollte, um den größten Effekt zu erzielen (2018, S. 124). Beispielhaft nennt er das Zeichnen der Vision an einer Flipchart oder das Zeigen von Videos bestimmter MitarbeiterInnen oder Führungspersonen (vgl. ebd., S. 122).

Nachdem die Vision vorgestellt wurde, empfiehlt es sich, nach Stolzenberg & Heberle, die MitarbeiterInnen in Gruppen aufzuteilen und diese Fragen oder Anmerkungen bezüglich der Vision sammeln zu lassen, die dann in einem nächsten Schritt durch einen Sprecher vorgetragen werden. So bekommen alle Beteiligten die Möglichkeit sich einzubringen und kritische Fragen stellen zu können, da eine Person stellvertretend für eine ganze Gruppe die Fragen präsentiert. Im Rahmen einer Podiumsdiskussion können anschließend die wichtigsten Fragen geklärt und beantwortet werden (vgl. Stolzenberg & Heberle 2014, S. 41). Aufbauend und unterstützend dazu bieten sich Visions-Dialoge an, in denen die MitarbeiterInnen die Möglichkeit haben die Vision individuell auf ihren Arbeitsbereich und ihr tägliches Handeln herunterzubrechen (vgl. ebd., S. 42ff).

10.2 Moving

Angefangen bei dem Vermitteln von Zielen und der Vision des Veränderungsprozesses, ist auch der Austausch während des Prozesses unabdingbar (vgl. Gerkhardt & Frey 2006, S. 53). Die Kommunikation während eines Veränderungsprozesses erwies sich in 99 % der von Vahs und Leiser untersuchten Organisationen als erfolgskritische Einflussgröße in Veränderungsprozessen (2004, S. 54). Ziel der Kommunikation in dieser Phase ist die „Vermittlung von Wandlungsfähigkeiten und die Partizipation in der Erarbeitung der Problemlösung" (Brehm 2014, S. 256). Dadurch sollen rationale Lösungswege gefunden und die emotionale Bindung der Beteiligten gestärkt werden. Zu den Aufgaben innerhalb dieser Phase zählen daher neben der umfänglichen und regelmäßigen Informationsweitergabe an einen nun bereits erweiterten Personenkreis, auch die Partizipation und Abstimmung sowie der Einbau von Feedbackmöglichkeiten (vgl. ebd.). Im Rahmen dieses Kapitels wird daher zunächst kurz auf das Übermitteln sachbezogener Informationen eingegangen, bevor die Relevanz der schnellen Erfolge für die Kommunikation deutlich gemacht wird. Großes Augenmerk in dieser Phase und damit auch in den folgenden Kapiteln liegt auf der Bedeutung der dialogischen Kommunikation und des Feedbacks für den Erfolg eines Veränderungsvorhabens. Aufbauend darauf werden Gruppenverfahren und im Besonderen die Methode World Café als geeignete Kommunikationsmöglichkeiten beziehungsweise -Anlässe vorgestellt und deren Eignung dargelegt.

10.2.1 Sachbezogene Informationen kommunizieren

Während der Umsetzung der Veränderung steht vor allem das Aufrechterhalten der Motivation und Beteiligung der MitarbeiterInnen im Zentrum der kommunikativen Aktivitäten (vgl. Lauer 2014, S. 129). Inhaltlich geht es neben sozialen Aspekten daher auch um die sachbezogene Informationsweitergabe, die mithilfe einer Vielzahl von Informationsmaßnahmen erfolgen kann, welche kurz Erwähnung finden sollen.

Informationsveranstaltungen im Sinne eines Informationsmarkts mit Ständen, die einzelne Teilprojekte vorstellen und an denen sich Interessierte informieren und austauschen können, sind gut geeignet, um Informationen weiterzugeben, sollen gleichermaßen aber auch die Identifikation mit dem Veränderungsvorhaben unterstützen (vgl. Lauer 2014, S. 129). Neben solchen Informationsveranstaltungen gelten alle Formen der medialen Kommunikation als sehr bedeutsam für die Informationsweitergabe. Dazu zählen beispielsweise die Kommunikation über Aushänge, Newsletter oder das Intranet. Jenseits formeller Kommunikation können zudem Begegnungsräume die Kommunikation in der Phase der Umsetzung unterstützen. Durch Begegnungsräume, Kaffeeecken, Sofas oder auch Glastüren, die zum Anklopfen animieren, sind geeignet, um informelle Gespräche zu fördern (vgl. ebd., S. 129f.).

Neben dem Informieren über sachbezogene Themen, gilt in der Literatur vor allem das Informieren über schnelle Erfolge als ein wichtiger Faktor, der in der Kommunikation während der Move-Phase beachtet werden sollte.

10.2.2 Schnelle Erfolge

In ihrer Studie fanden Vahs und Leiser heraus, dass in vielen Unternehmen die MitarbeiterInnen weder über Erfolge noch über Misserfolge während eines Veränderungsprozesses offen informiert werden (2004, S. 53). „Der Wandelprozess schleppt sich dahin, die Organisationsmitglieder widerstreben der neuen Lösung, vieles Unvorhergesehene ereignet sich und lässt die Umstellungspläne zu Makulatur werden“ (Schreyögg 2008, S. 403 f.). Während dieser Phase ist es jedoch wichtig zeitnah, klar, transparent und „auf breiter Ebene“ zu kommunizieren (Vahs & Leiser 2004, S. 53; Gerkhardt und Frey 2006, S. 53). Eine zeitnahe Kommunikation ist bedeutsam, vor allem, um Unsicherheiten bei den Betroffenen vorzubeugen. Auf breiter Ebene kommunizieren meint, dass alle betroffenen MitarbeiterInnen bei der Kommunikation Beachtung finden müssen (Gerkhardt & Frey 2006, S. 53). Vahs und Leiser betonen diesbezüglich ebenfalls die Relevanz der zeitnahen, sowie zeitgleichen Übermittlung der Informationen an die MitarbeiterInnen, um selektive Interpretationen und Gerüchte reduzieren zu können (Vahs & Leiser 2004, S. 53). Offen, also transparent kommunizieren, heißt fair kommunizieren und dazu zählen Gerkhardt und Frey auch das Informieren über mögliche Misserfolge (2006, S. 53). Weitere Auswertungsergebnisse der Studie von Vahs und Leiser zeigen die Bedeutung von Kommunikation während der Umsetzungsphase und deuten auf die Relevanz von zeitnaher und offener Kommunikation hin, insbesondere der „early wins“ (2004, S. 54). Auch Lauer und Maximini schreiben, dass im Rahmen der kommunikativen Möglichkeiten das Mitteilen schneller Erfolge, der „early wins“, oder „quick wins“ von Bedeutung ist, um in der Phase der Umsetzung die Motivation und Beteiligung der MitarbeiterInnen aufrechterhalten zu können (Lauer 2014, S. 129; Vahs & Leiser 2004, S. 54; Maximini 2018, S. 77).

Während dieser Phase der Veränderung ist es wichtig sicherzustellen, dass die Motivation der Beteiligten nicht nachlässt, was in der Regel nur durch kurzfristige Erfolge geschehen kann. (vgl. Maximini 2018, S. 78). Organisationen lassen sich nicht direkt verändern, sondern nur durch die Änderung der Verhaltensweisen der Organisationsmitglieder und eine solche Veränderung ist anstrengend und kostet Kraft. Schnelle Erfolge können neuen Antrieb geben, motivieren und rechtfertigen den Aufwand, der für das Wandelvorhaben betrieben wird (vgl. ebd.).

Zunächst sollte kurz aufgegriffen werden, was unter schnellen Erfolgen und dem Terminus „kurzfristig" zu verstehen ist. Während Maximini beschreibt, dass Erfolge nach maximal sechs Monaten sichtbar sein sollten, zählt Kotter selbst Erfolge, die nach 18 Monaten eintreten noch zu schnellen Erfolgen (vgl. Maximini 2018, S. 78f.; Kotter 2011, S. 102). Die Zeitspanne bis zum ersten Erfolgseintritt ist maßgeblich davon bestimmt, welches Ausmaß das Veränderungsvorhaben hat. Dauert ein kleiner Prozess ohnehin nur etwa sechs Monate, sollten die ersten Erfolge im besten Fall nicht erst nach fünf Monaten sichtbar gemacht werden (vgl. Maximini 2018, S. 78). Kotter bezieht sich auf große Konzerne, wenn er von 18 Monaten bis zu den ersten „schnellen Erfolgen" spricht, was jedoch selbst für Großkonzerne in dieser schnelllebigen Welt als viel zu langer Zeitraum wahrgenommen wird (vgl. Kotter 2011, S. 102; Maximini 2018, S. 79).

Kotter nennt drei wesentliche Merkmale schneller Erfolge, die unter anderem auch bei Maximini in ähnlicher Weise zu finden sind: Schnelle Erfolge sind eindeutig, sie beziehen sich klar auf den Wandelprozess und sind sichtbar für die betroffenen Personen (vgl. Kotter 2011, S. 102). Jeder Erfolg sollte in der Form sichtbar gemacht werden, dass die MitarbeiterInnen die Informationen zum Erfolg in einer solchen Weise erhalten, dass sie verständlich und nachprüfbar sind. Die Glaubwürdigkeit des Erfolges sollte gegeben sein und er sollte so eindeutig sein, dass keine Kritikpunkte gefunden werden können (vgl. ebd.; Maximini 2018, S. 79). Wenn die Charakteristika eines schnellen Erfolges erfüllt werden, dann sollte jeder Erfolg verständlich und anschaulich in der Organisation kommuniziert werden (vgl. Maximini 2018, S. 79). „Erfolge sind kommunikationstechnisch auf allen Kanälen ‚auszuschlachten'", so Brehm (2014, S. 257).

Vahs und Leiser fanden in der eingangs genannten Studie nicht nur heraus, dass MitarbeiterInnen häufig nicht über Erfolge informiert werden, sondern auch, dass Misserfolge vor ihnen verheimlicht werden (2004, S. 53). Aus kommunikationsbezogener Perspektive bestehen nach Brehm zwei Möglichkeiten, um mit Misserfolgen im Change umzugehen (vgl. Brehm 2014, S. 257). Die erste Möglichkeit „der Versuch des Totschweigens und Aussitzens" findet in der Praxis großen Anklang, was auch durch die Studienergebnisse von Vahs und Leiser (2004) deutlich wird (Brehm 2014, S. 257). Dieser Umgang mit Misserfolgen sorgt jedoch häufig für ungewollte Gerüchte, den Aufbau von Barrieren und den Vertrauensverlust in das Vorhaben oder in die Führungsperson (vgl. ebd.). Der kommunikationstechnisch gesehen positive Umgang mit Misserfolgen hingegen kann das Vertrauen sogar stärken, eine fehlerfreundliche Kultur fördern und ein Zeichen für die Glaubwürdigkeit des Managements darstellen. Dazu muss das Problem offen kommuniziert, nie aber ohne Lösungsansätze oder Lernergebnisse mit zuliefern, präsentiert werden (vgl. Brehm 2014, S. 257).

Wenn Doppler und Lauterburg von Kommunikation als Nervensystem der Organisation sprechen (vgl. Kap. 8) dann impliziert dies, dass eine fehlgeleitete Kommunikation und Informationsweitergabe schädlich für das Veränderungsvorhaben und für die Organisation im Allgemeinen sind. „Sein Wohl und Wehe hängt davon ab, ob die Informationen aus dem Umfeld präzise genug aufgenommen, intern rasch weitergeleitet und richtig verarbeitet werden" (vgl. Doppler & Lauterburg 2019, S. 368). Dabei erfordert das operative Tagesgeschäft bereits eine gelungene Koordination der Kommunikationsvorgänge. In Veränderungsprozessen steigt diese Anforderung jedoch um ein Vielfaches, da der Kommunikationsbedarf enorm ansteigt. Die Beteiligten müssen informiert darüber sein, was zu welchem Zeitpunkt geschieht (vgl. ebd., S. 369). Die Flut an Informationen und den erhöhten Bedarf der Beteiligten abzustimmen auf die Koordination des Tagesgeschäftes ist eine große Herausforderung für das Management von Organisationen (vgl. ebd.).

In einem Großteil der Fälle besteht jedoch kein Informationsdefizit, sondern ein Kommunikationsdefizit (vgl. Doppler & Lauterburg 2019, S. 373). Der häufig von MitarbeiterInnen vorgetragene Wunsch nach besserer Information verbirgt in der Regel einen viel tiefergehenden Wunsch – den Wunsch nach Beteiligung, nach Dialogen, sie wollen Informationen und Veränderungen nicht „blind ausgeliefert sein“ (Doppler & Lauterburg 2019, S. 373). In der Praxis geht es also darum Ziele, Absichten, Zusammenhänge und Beweggründe offen zu legen, Möglichkeiten zur Partizipation und zum Austausch zu bieten. Neben der kurzen Beschreibung der sachbezogenen Informationsweitergabe und im Besonderen der schnellen Erfolge, soll es im Weiteren daher um die Relevanz von dialogischer Kommunikation und um Beteiligung im Rahmen von Gruppenverfahren gehen.

10.2.3 Feedback und dialogische Kommunikation

Wie bereits zu Beginn des Kapitels beschrieben, gilt das Einbauen von Feedbackschleifen als eine der Aufgaben in dieser Phase der Veränderung (vgl. Brehm 2014, S. 256). Feedback ist ein Begriff, der aus dem Englischen in den deutschen Sprachgebrauch übernommen wurde und steht für Rückkopplung (vgl. Birkenbihl 2020, S. 35). Das Prinzip der Rückkopplung, ursprünglich ein wesentliches Merkmal zur Steuerung technischer Systeme, weist eine erhebliche Relevanz für zwischenmenschliche Beziehungen auf und ist unter dem Fachbegriff Feedback in diversen Wissenschaftsbereichen vertreten (vgl. Doppler et al. 2014, S. 251). Um überprüfen zu können, ob Sender und Empfänger auf einer Ebene kommunizieren und die Information nicht gänzlich fehlinterpretiert wird, muss eine Rückkopplung vorgenommen werden (vgl. Birkenbihl 2020, S. 35). Wie bereits im Kapitel „Grundlagen der Kommunikation“ beschrieben, ist Ziel einer gelingenden Kommunikation das Schaffen einer gemeinsamen Wahrheit beziehungsweise Wirklichkeit. Diese Wirklichkeit und damit die stimmige Interpretation der Information auf Seiten des Empfängers, kann in der Regel nur durch Rückkopplung und durch Überprüfung der individuell decodierten Botschaft stattfinden (vgl. Kap. 8.1). Neben der Sprache gehen vom Sender explizit, meist aber implizit, vielfältige weitere Botschaften aus. Die in 8.1 beschriebenen analogen Kommunikationsanteile, darunter besonders Mimik, Gestik und Tonfall, bestimmen wie die Botschaft durch den Empfänger entschlüsselt wird. Gelingende Kommunikation ist daher vor allem darauf aufgebaut darauf zu achten, was bei dem Empfänger ankommt, was dieser interpretiert (vgl. Doppler et al. 2014, S. 253). Mitglieder von Organisationen haben verschiedenste professionelle Hintergründe und individuelle Wissens- und Erfahrungsstände. Kommunikation ist daher subjektiv und durch persönliche Einstellungen geprägt (vgl. Berger et al. 2008, S. 266f). Feedback ist in jeder Phase des Veränderungsprozesses bedeutsam. Da Feedback jedoch auch maßgeblich dazu beitragen kann, dass MitarbeiterInnen ihr Verhalten an die Erfordernisse der Veränderungen anpassen und befähigt werden mit anderen Organisationsmitgliedern, auch in schwierigen Situationen, in Kontakt treten zu können, ohne „dass der Faden nicht reißt und die Beziehung nicht über Gebühr belastet [wird]", erscheint es im Rahmen der Unterteilung nach Lewin besonders an dieser Stelle sinnvoll auf das Feedback im Sinne der Rückkopplung einzugehen (Doppler et al. 2014, S. 260). Feedbackschleifen sind zudem ein geeignetes Instrument zur Systemkontrolle und Voraussetzung, um die Lage immer wieder neu erkunden zu können, um gegebenenfalls im Sinne eines Frühwarnsystems auf Handlungsbedarf hinzudeuten (vgl. ebd., S. 261).

„Mit der Entdeckung, dass Feedback nicht nur hilfreich für die Kommunikationsplanung ist, sondern von Stakeholdern auch erwartet wird [...] treten die Merkmale Interaktivität und Partizipation in den Vordergrund" (Mast 2020, S. 433). Dialogische Kommunikationsformen gewinnen zunehmend an Bedeutung um die Aufmerksamkeit der Beteiligten sowie deren Motivation erhöhen zu können (vgl. ebd.). Symmetrische Kommunikation in Form des Dialogs, lassen im Gegensatz zu asymmetrischen Kommunikationsformen Raum für Rückfragen und Erläuterungen im Sinne der Rückkopplung (vgl. Lauer 2014, S. 123). Auch auf der emotionalen Ebene können Feedbackmöglichkeiten und dialogische Kommunikation eingesetzt werden, um auf die Sorgen, Ängste und Bedürfnisse der MitarbeiterInnen einzugehen (vgl. Brehm 2014, S. 261). Gerkhardt und Frey betonen ebenfalls, dass sich in der Praxis der direkte Austausch als erfolgversprechendste Kommunikationsform herausgestellt hat (vgl. ebd. 2006, S. 53) Besonders in Veränderungsprozessen sollten Führungskräfte Sicherheit vermitteln, indem sie konkret vorgeben, was auf die

MitarbeiterInnen zu kommt. Gerade in der Phase der Veränderung und in der Umsetzung der Inhalte, wünschen sich MitarbeiterInnen jedoch Möglichkeiten der Partizipation und des Dialogs. Ein dialogorientiertes Vorgehen, kann hilfreich sein, um die Akzeptanz der MitarbeiterInnen zu steigern (vgl. Höfler et al. 2018, S. 205). Es empfiehlt sich daher die gestaltbaren Inhalte und Umsetzungsschritte zur Diskussion zu stellen, anstatt mit einer fertigen Lösung an die betroffenen MitarbeiterInnen heranzutreten (vgl. ebd.).

Besonders im Rahmen dialogischer Kommunikation und beim Umgang mit Feedback erscheint es grundlegend, einige Regeln zu beachten und diese bestenfalls auch transparent für andere zu formulieren und zu platzieren, damit Feedback eine positive Wirkung im Veränderungsprozess entfalten kann. Doppler et al. formulieren Regeln für Feedback, die im Folgenden kurz aufgegriffen werden sollen:

Feedback ist immer als subjektive Wahrnehmung, keinesfalls als Wahrheit zu verstehen. Sie betreffen nicht die Persönlichkeit, sondern nur das, was extern wahrgenommen und interpretiert wird (vgl. Doppler et al. 2014, S. 265). Das Formulieren einer „Ich-Botschaft" kann hilfreich sein, um den subjektiven Charakter der persönlichen Wahrnehmung zu verdeutlichen (Berger et al. 2008, S. 275). Der Feedback-Geber spricht nur von eigenen Empfindungen, weshalb die Verwendung von „man" oder „wir" nicht zielführend sein kann (vgl. Doppler et al. 2014, S. 265). Eine weitere Regel besteht darin in der Rückmeldung die eigene Wahrnehmung und die damit verbundenen Gefühle zu beschreiben, statt Werturteile oder Vorwürfe zu formulieren. Zudem sind Rückmeldungen besonders dann hilfreich, wenn sie konkret beobachtbar und nachvollziehbar formuliert sind, von Verallgemeinerungen sollte Abstand genommen werden (vgl. ebd.). Auch die Person, die das Feedback erhält, sollte Grundregeln einhalten. Ein echtes Feedback dient als Information und sollte nie eine Rechtfertigung oder Erklärung im Sinne von „Ich habe es nur gesagt, um…" nach sich ziehen. Führungskräfte sollten Feedback fördern und Interesse an dem Gesagten zeigen, beispielsweise durch Verständnisfragen (vgl. Haller 2018, S. 94 f.). Höfler et al. machen deutlich, wie relevant es ist, als Führungskraft das eigene Verhalten zu reflektieren und sich immer wieder die Frage danach zu stellen, wie hoch die eigenen Gesprächsanteile sind und wie häufig bewusst zugehört wird (2018, S. 205). Auch Endrejat und Meinecke sprechen den MitarbeiterInnen einen höheren Anteil am Gespräch zu und empfehlen eine kollaborative Gesprächsatmosphäre aufzubauen, indem Führungskräfte von „wir" statt „du" und „ich" reden (vgl. Endrejat und Meinecke 2021, S. 41). Brink und Costigan fanden in Studien heraus, dass Zuhören die wichtigste Form der Kommunikation am Arbeitsplatz darstellt. Neben dem Zuhören teilen sie die oralen Kommunikationsformen auf in das Konversationen führen und in das Präsentationen halten können (vgl. Brink & Costigan 2015, S. 205). Höfler et al. betonen außerdem die Bedeutung von Großgruppenverfahren, um während Change Prozessen den Dialog fördern zu können, ohne mit jedem Individuum einzeln ins Gespräch gehen zu müssen (2018, S. 205).

10.2.4 Gruppenverfahren

„Working with a group is more efficient timewise than talking to and trying to motivate each recipient one by one" (Endrejat et al. 2019, S. 17). Für eine Vielzahl der Veränderungsprozesse sind Einzelgespräche in separaten Kontexten nur schwer realisierbar und in Bezug auf finanzielle und zeitliche Ressourcen undenkbar. Gruppenverfahren eignen sich jedoch auch aus anderen Gründen für Veränderungsprozesse. Durch das Zusammenkommen verschiedener Perspektiven, können schnell eigene Lösungen kreiert werden und durch Gruppendynamiken kann der Veränderungsprozess unterstützt werden. (vgl. Endrejat & Meinecke 2021, S. 33). Auch Studienergebnisse von Capgemini zeigen die Relevanz und Beliebtheit von Gruppenverfahren und Workshops im Change Management, da diese mit 93 % ausgewiesen werden, was für einen sehr häufigen Einsatz entlang des Veränderungsprozesses spricht (vgl. Capgemini 2012, S. 22). Organisationsmitglieder in die Implementierung und Umsetzung von Veränderungen miteinzubeziehen ist essentiell, um Wandel nachhaltig verankern zu können, weshalb partizipative Gruppenverfahren eine hohe Bedeutung innerhalb des Change Management zugesprochen wird (vgl. Endrejat et al. 2019, S. 1).

In Gruppen kommen charakteristischerweise Individuen zusammen, durch die eine bestimmte Dynamik entsteht. Zu nennen ist hierbei der Begriff der Gruppendynamik nach Lewin, wobei das Wort Dynamik mit Kraft gleichgesetzt werden kann. Eine Gruppe kann demnach hemmende oder akzelerierende Kraft auf ein Individuum haben und dementsprechend in Bezug auf das Veränderungsvorhaben wirken (vgl. Endrejat & Meinecke 2021, S. 33). Innerhalb von Gruppen bestehen in der Regel ambivalente Meinungen bezüglich der Veränderung. Um die Kommunikation in die gewünschte Richtung lenken zu können, ist es wichtig diese Gruppendynamiken zu beobachten und gegebenenfalls bei obstruierenden Äußerungen zu intervenieren (vgl. Endrejat et al. 2019, S. 2). Besonders Gruppennormen, in Form von informellen Regeln, beeinflussen das individuelle Verhalten innerhalb von Gruppen. Daher sollte die Kommunikation dazu genutzt werden Gruppennormen zu entwickeln, die organisationale Veränderungen ermöglichen, beziehungsweise positiv beeinflussen (Endrejat & Meinecke 2021, S. 34). Empirische Untersuchungen, die sich mit den positiven Auswirkrungen sozialer Dynamiken innerhalb von Gruppenverfahren auf das Veränderungsvorhaben und die Nachhaltigkeit von Veränderungen beschäftigen, sind bisher nicht zu finden (vgl. Endrejat et al. 2019, S. 2). Auch Studien über motivationale Aspekte von Gruppendynamiken außerhalb von Veränderungsprozessen sind bisher eher selten, da Gruppendynamiken nur schwer empirisch zu erfassen. „Motivational processes in groups are inherently dynamic and thus difficult to capture" (Endrejat et al. 2019, S. 2). Auch Carter et al. verweisen darauf, dass bisher kaum Forschungsergebnisse zu Gruppendynamiken vorliegen (vgl. Carter et al. 2015, S. 24). Um die Vorteile eines Gruppenverfahrens nutzen zu können und die Etablierung neuer Normen innerhalb der Gruppe zu fördern, sollte darauf geachtet werden die Bedürfnisse der TeilnehmerInnen nach Autonomie, Kompetenz und sozialer Eingebundenheit zu beachten. Dazu sollte den Beteiligten möglichst viel Freiraum und Partizipationsmöglichkeiten gegeben werden, indem beispielsweise nur der Zielzustand formuliert wird, nicht aber die Handlungsschritte, um dieses Ziel zu erreichen. Dieses Prinzip nennt sich

„Equifinaliät". (Endrejat & Meinecke 2021, S. 34). Auf der Grundlage ihrer Forschung fanden Endrejat et al. zudem heraus, dass lösungsorientierte Kommunikation eher dazu geeignet ist die Motivation und Bereitschaft der MitarbeiterInnen in Bezug auf Veränderungen positiv zu beeinflussen, als eine Kommunikationsart, die auf Defizite oder Analysen ausgelegt ist (vgl. ebd., S. 17). Es gelingt den meisten Menschen leichter Defizite zu erkennen, als identifizieren zu können, wie die Lösung aussehen soll (vgl. Haller 2018, S. 101). Eine Reihe neurophysiologischer Studien zeigen, dass der Mensch Fehler oder Störungen bereits wahrnimmt, bevor er sie kognitiv verarbeiten kann. Diese Fähigkeit, benannt als „Error Awareness Task", ist unter anderem dafür verantwortlich, dass Menschen dazu neigen defizitorientiert zu kommunizieren (ebd.). Für Wandelvorhaben ist es daher wichtig, dass Führungskräfte Kommunikationskompetenzen entwickeln sowie empathisch und offen für die Wünsche und Lösungsvorschläge der Beteiligten sind, um eine lösungsorientierte Kommunikation zu fördern (vgl. Endrejat et al. 2019, S. 17). Neben der Lösungsorientierung sollten Führungskräfte daher in der Lage sein offene Fragen zu stellen und die Aussagen der MitarbeiterInnen reflektieren zu können. Auch wenn die beschriebenen Suggestionen nach Endrejat et al. eher einfach und intuitiv erscheinen, sind sie nicht implizit und benötigen Training auf Seiten der Führungskräfte (vgl. ebd.). Brink und Costigan fanden heraus, dass eine große Diskrepanz zwischen den am Arbeitsplatz benötigten kommunikativen Kompetenzen und den Inhalten verschiedener Managementkursen und Studiengängen besteht (2015, S. 205).

Endrejat et al. gehen außerdem darauf ein, dass, basierend auf ihren Forschungsergebnissen, geführte Gruppenverfahren einen positiveren Effekt auf die Veränderungsbereitschaft ausüben als Gruppensitzungen, die eher auf den Input der Führungskraft und deren Präsentation ausgelegt sind (Endrejat et al 2019, S. 17). Dabei betonen sie abermals die Bedeutung von dialogischer Kommunikation, da meist erst durch die Interaktion mit den MitarbeiterInnen dem Wandel ein Sinn und eine tiefere Bedeutung zugesprochen werden kann (vgl. ebd., S. 17f.).

Bereits 1948 forschten Coch und French zum Thema Widerstände in Veränderungsprozessen, „resistance to change", um herauszufinden welche Faktoren Widerstände verstärken und welche sie mindern können (Coch & French 1948; Burnes 2014, S. 100). Coch und French teilten die MitarbeiterInnen in vier Gruppen ein und unterzogen diese verschiedenen Veränderungen. Gruppe 1 wurde ins Büro gerufen und von den Veränderungen unterrichtet, während Gruppe 2 detailliertere Informationen erhielt und RepräsentantInnen auswählen durfte, welche an der Ausgestaltung der Veränderung teilhaben durften. In den Gruppen 3 und 4 wurden alle TeilnehmerInnen in die Ausgestaltungen miteinbezogen, statt nur wenige RepräsentantInnen (vgl. Burnes 2014, S. 100). Coch und French fanden heraus, dass die Intensität der Partizipation in direktem Zusammenhang mit der Produktivität steht. Je mehr Möglichkeiten die MitarbeiterInnen zur Mitbestimmung und Gestaltung hatten, desto höher und schneller wurde nach der Veränderung das Produktionslevel erreicht. Mit steigender Partizipation sind zudem die Fluktuationsrate und die Zahl der aggressiven Äußerungen gesunken (1948, S. 522 ff.).

10.2.5 Methode World Café

Endrejat und Meinecke empfehlen die MitarbeiterInnen aktiv in die Gestaltung der Lösung miteinzubeziehen (2021, S. 41) und bereits die Forschungen von Coch und French aus dem Jahre 1948 zeigten, dass Partizipation entscheidend für den Erfolg eines Wandelvorhabens ist (1948, S. 522 ff.). Mit der Methode des „World Café" nach Brown und Isaacs soll es Arbeitsgruppen ermöglicht werden kollektiv die Zukunft der Organisation gestalten zu können „Café conversations are designed on the assumption that people already have within them the wisdom and creativity to confront even the most difficult challenges" (Brown & Isaacs 2005, S. 4). Auf Grundlage der Empfehlungen für die Praxis, die die Forschungsgruppe um Endrejat auf Basis ihrer empirischen Untersuchung geben, wie beispielsweise die Equifinalität, erscheint die Methode des World Café als geeignetes Verfahren und soll im Rahmen dieser Arbeit daher kurz als Kommunikationsmöglichkeit in der Phase des Wandels beschrieben werden (vgl. Endrejat & Meinecke 2021; Endrejat et al. 2019). Zudem wird die Methode World Café immer wieder in einschlägiger Literatur zum Thema Change Management aufgeführt und beschrieben. Höfler et al. benennen neben dem Vorteil von Großgruppenverfahren für Change Vorhaben explizit die Methode des World Café (Höfler et al. 2018, S. 205). Auch Deutinger, Lauer, Schiersmann und Thiel sowie Werther und Jacobs beschreiben das World Café als Methode für die Umsetzung von Veränderungsvorhaben (Deutinger 2017, S. 33 ff.; Lauer 2014, S. 140; Schiersmann & Thiel 2010, S. 116 ff.; Werther & Jacobs 2014, S. 44 f.).

Grundlage für die Entwicklung der Methode World Café war die Beobachtung, dass sich die Menschen in Konferenz-Pausen deutlich intensiver und angeregter austauschten, als während der Konferenz selbst. Diese Beobachtung sollte bei der Methode Beachtung finden, weshalb das World Café in Kaffeehaus-Atmosphäre gestaltet ist (vgl. Deutinger 2017, S. 33). Die Kaffeehaus-Atmosphäre soll eine kreative und stimulierende Stimmung verbreiten, in der Ideen und Gedanken ohne Druck geäußert und verbunden werden können (vgl. Werther & Jacobs 2014, S. 45). Die Tische für etwa 4–6 Personen sind ausgestattet mit einer „Speisekarte" auf der die Fragen und Handlungsanweisungen zu finden sind und die Tischdecke besteht aus Packpapier, damit sie von den TeilnehmerInnen beschriftet werden kann. Noch authentischer wird die Kaffeehaus-Atmosphäre mit Musik, Kaffee und Kuchen (vgl. Deutinger 2017, S. 33). Es entsteht ein Charakter, der eher einem informellen Gespräch beim Kaffeetrinken ähnelt. Schiersmann und Thiel beschreiben, dass es gerade solche ungezwungenen informellen Gespräche ohne Ergebnisdruck sind, die besonders intensiv und produktiv ablaufen (vgl. ebd. 2010, S. 116f.). Durch die Strukturierung in Form von vorgegebenen Fragen, begrenzten Kleingruppen und festen Gesprächszeiten entsteht ein Rahmen innerhalb dessen die Individuen das Gesagte sowohl emotional als auch kognitiv verarbeiten können, um die verschiedenen Gedanken und Ideen dann zu einem größeren Ganzen integrieren zu können (vgl. ebd., S. 117). Nicht der Output einer konkreten Person ist Kern der Methode, sondern die aktive Partizipation und der kooperative Dialog der TeilnehmerInnen (vgl. ebd., S. 116). Die im vorherigen Kapitel beschriebenen

Forschungsergebnisse von Coch und French (1948) ergaben, dass die Intensität der Partizipation in direkter Korrelation zur Produktivität und zur Umsetzung von Veränderungen stehen. Mithilfe der Methode World Café kann eine große Anzahl Beteiligter, bis zu 2000 Personen, zu Wort kommen, die Veränderung mitgestalten und somit die Motivation erhöht werden (vgl. Deutinger 2017, S. 34).

Um einen Bezug zur Praxis herstellen zu können, soll der Ablauf der Methode kurz dargestellt werden. Zu Beginn des World Café sollte die Methode und das Vorgehen kurz vorgestellt werden sowie das Thema präsentiert werden, wenn dieses zuvor nicht ohnehin schon kommuniziert wurde (vgl. Werther & Jacobs 2014, S. 45). Es werden Kleingruppen gebildet und an den Kaffeetischen verteilt. Jede der Tischgruppen diskutiert bis zu drei Fragen und hält die Ergebnisse auf dem Packpapier fest (vgl. Deutinger 2017, S. 33). Nach einer zuvor festgelegten Zeit, meist nach etwa 15 bis 30 Minuten, beginnen die TeilnehmerInnen zu rotieren und begeben sich an einen neuen Tisch. Eine der TeilnehmerInnen bleibt jedoch immer am Tisch sitzen und nimmt die Rolle des Gastgebers oder der Gastgeberin ein, um der neuen Gruppe die Ergebnisse vorzustellen, bevor die Diskussion erneut nach dem beschriebenen Schema beginnt (vgl. ebd.). Auf diese Weise können kleine und intime Konversationen aufgebaut werden und Ideen verschiedenster Personen ausgetauscht und neues Wissen erlangt werden (vgl. Brown & Isaacs 2004, S. 4). Übertragen auf den organisationalen Rahmen bedeutet dies vor allem, dass auch MitarbeiterInnen aus unterschiedlichen Bereichen, die sonst vielleicht nicht zusammenarbeiten, ihre Ideen austauschen und miteinander ins Gespräch kommen. Auf diese Weise können Netzwerke entstehen, die selbst nach dem World Café noch von Bedeutung sein können (vgl. Werther & Jacobs 2014, S. 45). „A sense of the whole becomes increasingly strong. The collective wisdom of the group becomes more accessible, and innovative possibilities for action emerge“ (Brown & Isaacs 2004, S. 4). Nach Ablauf eines bestimmten Zeitrahmens werden alle Packpapier-Tischdecken ausgestellt und können dem Plenum von den GastgeberInnen präsentiert werden. Mithilfe einer anschließenden Diskussion und Reflexion der unterschiedlichen Ergebnisse können die gewonnenen Erkenntnisse und Standpunkte verdichtet werden (vgl. Deutinger 2017, S. 35).

Deutinger geht darauf ein, dass die Methode bereits viel Verbreitung gefunden hat, jedoch in vielen Fällen die Möglichkeiten der Methode aufgrund von mangelnder Präzision bei der Durchführung nicht ausgeschöpft werden (2017, S: 33). „Die bloße Technik, und dann noch falsch angewendet, hat häufig nichts mit einer professionell geplanten Dialogveranstaltung zu tun“ (Grolman). Vor der tatsächlichen Durchführung ist es wichtig, dass die Fragen sorgfältig erarbeitet werden, da diese als Grundlage und als motivierende Einstiegshilfe dienen (vgl. Werther & Jacobs 2014, S. 45). Auch von der vielfach praktizierten Variante verschiedene Fragen an den Tischen zur Diskussion zu stellen, sollte Abstand genommen werden, da durch dieses Vorgehen keine Verdichtung eines Themas entsteht, sondern dieses eher oberflächlich in der Breite diskutiert wird (vgl. Grolman). Die Wirksamkeit der Methode World Café kann nach Deutinger grundsätzlich als hoch eingestuft werden, jedoch müssen die Ergebnisse der Gruppen berücksichtigt und umgesetzt werden (vgl. Deutinger 2017, S. 34). Die Haltung oder Absicht der Führungskraft, beziehungsweise des Moderators, spielt demnach ebenfalls eine Rolle (vgl. Grolman).

10.3 Freeze

Nachdem Veränderungen vorgenommen und Erfolge erzielt wurden, geht es in der dritten Phase darum, die Veränderungen nachhaltig in der Organisation zu verankern (vgl. Maximini 2018, S. 113). „Wie viele Male haben wir schon erlebt, dass Veränderungsprogramme […] für erfolgreich beendet erklärt wurden – nur um dann zu realisieren, wie die Leute wieder in ihr altes Verhalten zurückfallen“ (Frei 2018, S. 28). Häufig gelingt nur die kurzfristige Umsetzung des Wandels, bevor gewohnte Verhaltensweisen die Veränderung überschatten. Die neuen Verhaltensweisen, Ansätze, Normen und Werte müssen in der Organisationskultur verankert werden, die Veränderungen auch nachträglich als richtig verifiziert werden, damit eine positive Einstellung bei den MitarbeiterInnen entstehen kann (vgl. Stahl 2014, S. 157; Maximini 2018, S. 113). Im folgenden Kapitel wird zunächst auf die Organisationskultur eingegangen und darauf, wie Veränderungen in die Kultur integriert werden können, um dann auf die Vorbildfunktion der Führungskraft und die Abschlussveranstaltung als konkrete Möglichkeit eingehen zu können.

10.3.1 Veränderungen in der Kultur verankern

In zahlreichen Veröffentlichungen wird das Verankern neuer Verhaltensweisen in der Organisationskultur als Kernelement dieser Phase beschrieben. Auch im Rahmen der Change Kommunikation geht es in der Freeze-Phase vor allem darum Veränderungen nachhaltig in der Kultur zu verankern und in die Organisation integrieren zu können (vgl. Ebert-Steinhübel 2013, S. 8f.).

Um näher auf die Verankerung neuer Verhaltensweisen und Veränderungen in der Kultur eingehen zu können, soll zunächst das schwer greifbare Konstrukt der Organisationskultur kurz umrissen werden.

In Organisationen bilden sich eigene, einzigartige Orientierungsmuster heraus, die das Verhalten und die innerbetrieblichen Handlungsweisen prägen und allgemein als Kultur oder Organisationskultur bezeichnet werden (vgl. Doppler & Lauterburg 2019, S. 177). Doppler und Lauterburg benennen einige Kernelemente, die über die verschiedenen Ansätze der Kultur-Forschung hinaus Bestand haben. Demnach ist Organisationskultur nicht direkt beobachtbar, sondern bedarf immer Interpretation und ist implizit in jedem Unternehmen vorhanden (vgl. ebd.). Organisationskulturen sind ein kollektives Phänomen, sie bilden gemeinsame Orientierungen und machen das Handeln in Organisation dadurch in gewisser Weise kohärent. Vermittelt wird die Kultur in einem Sozialisationsprozess, die Organisationsmitglieder vermitteln (meist unbewusst) wie entsprechend der Kultur gehandelt wird (vgl. ebd., S. 178). Die Organisationskultur entsteht aus einem Lernprozess externer sowie internen Probleme, da ganz bestimmte Handlungs- und Verhaltensweisen erfolgversprechender sind als andere. „Zug um Zug schälen sich bevorzugte Wege des Denkens und Problemlösens heraus […] bis schließlich diese Orientierungsmuster zu mehr oder weniger selbstverständlichen Voraussetzungen des organisatorischen Handelns werden" (Doppler & Lauterburg 2019, S. 178). Die verschiedenen Überzeugungen und Normen werden zu einer Art Weltbild und bilden einen Filter für die Wahrnehmungsselektion, wodurch Komplexität reduziert wird (vgl. ebd.).

Organisationskulturen sind also komplex, implizit, kaum greifbar und bestehen aus Orientierungsmustern sowie aus sichtbaren, aber interpretationsbedürftigen Symbolen, Praktiken und Ausdrucksweisen (vgl. Doppler & Lauterburg 2019, S. 178). Schein versucht mit seinem Ebenen Modell die verschiedenen Level von Kultur und deren Beziehungen zueinander darzustellen, wobei er das Level als den Grad der Sichtbarkeit von kulturellen Phänomenen beschreibt (vgl. Schein 2017, S. 17). Schein unterteilt in Artefakte, Werte und Überzeugungen sowie in Grundannahmen. Artefakte sind wahrnehmbare Phänomene, wie beispielsweise die Sprache, Rituale und Routinen. Das Paradoxon dieser Ebene liegt nach Schein darin, dass Artefakte leicht zu beobachten, aber nur schwer zu entschlüsseln sind. Sie sind immer interpretationsbedürftig (vgl. ebd., S. 17f.). Bezugnehmend auf vorherige Kapitel wird auch an dieser Stelle deutlich, dass kommunikationstechnisch betrachtet das Einbauen von Kommunikationsschleifen auch für die Interpretation von Organisationskultur von Bedeutung sein kann. „If you are entering a new culture, you will observe lots of things that may or may not make sense to you, and you will not have the insight to figure them out without asking insiders some questions" (Schein 2017, S. 18). Durch Zeichen, Rituale und Symbole wird die Kultur lebendig gehalten und nach innen und außen kommuniziert. Dieser Teil der Kultur stellt den sichtbarsten und damit auch den am einfachsten zugänglichen Teil dar (vgl. Doppler & Lauterburg 2019, S. 179).

Auf der nächsten Ebene werden Werte und Überzeugungen zusammengefasst zum Symbolsystem, welches deutlich weniger sichtbar und reflektiert ist als die vorherige Ebene (vgl. Doppler & Lauterburg 2019, S. 180). Diese Ebene ist vor allem von Maximen, von ungeschriebenen Verhaltensrichtlinien geprägt, darüber was richtig oder falsch ist, wie Dinge getan werden, was funktioniert und was nicht (vgl. ebd. S, 180f.; Schein 2017, S. 19f.). Sie sind nicht direkt beobachtbar, können jedoch explizit artikuliert werden und zu „Führungsgrundsätzen" formuliert werden, wobei diese oft kein lebendiges Bild der Kultur wiedergeben, sondern vielmehr Idealvorstellungen der Führungspersonen darstellen (vgl. Doppler & Lauterburg, S. 181; Schein 2017, S. 19f.).

Die Basisannahmen, die die letzte Ebene bilden, basieren auf Grundannahmen dessen, wie die Welt, die Realität oder die Menschen zu sein scheinen. Sie dominieren unser Handeln und geben Orientierung in dem, was wir tun. „Culture as a set of basic assumptions defines for us what to pay attention to, what things mean, how to react emotionally to what is going on, and what actions to take in various kinds of situations" (Schein 2017, S. 22). Sie bilden einen Orientierungsrahmen, der in der Regel ganz selbstverständlich und ohne diesen zu kennen, eingehalten wird (vgl. Doppler & Lauterburg 2019, S. 182).

Bei der Neu- oder Umgestaltung von Kultur hat man es daher immer mit fest verankerten Gewohnheiten und Vorstellungen zu tun auf die man sowohl innerhalb als auch außerhalb der Organisation trifft, aber auch innerhalb der eigenen Person (vgl. Schmid 2014, S. 39). Diese Gewohnheiten zu überwinden ist Aufgabe einer bewussten Kulturgestaltung, deren Beschreibung den Rahmen dieser Arbeit überstiegen würde. Dennoch soll vor allem in Bezug auf kommunikative Möglichkeiten festgehalten werden, wie Veränderungen in der Kultur verankert werden können. Da die Kultur häufig als größtes Hindernis für nachhaltige Veränderungen gesehen wird, existiert die Theorie, dass die Kultur zu Beginn des Veränderungsprozesses verändert werden müsse (vgl. Kotter 2011, S. 132). Kultur lässt sich jedoch nicht einfach verändern oder umgestalten, da sie, wie bereits beschrieben, nicht greifbar ist. „Alle Versuche, sie zu packen und in eine neue Form zu pressen, sind zum Scheitern verurteilt, weil man sie eben nicht packen kann" (ebd.). Nach Kotter lässt sich Kultur nur dann verändern, wenn zuvor die Verhaltensweisen erfolgreich geändert wurden und die MitarbeiterInnen die neuen Strukturen und Handlungsweisen als positiv erleben. Die Veränderung des Verhaltens erfolgt während des Prozesses, wird aber erst am Ende Verankerung in die Kultur finden können (vgl. ebd.).

Um das Neue in der Kultur zu verankern und den neuen Zustand zu stabilisieren, den die Organisation erreicht hat, müssen neue Routinen gebildet werden (vgl. Mast 2008, S. 411). Die neuen Verhaltensweisen müssen ritualisiert und neue Kommunikationsprozesse eingeübt werden, damit Gewohnheiten entstehen (vgl. ebd., S. 408). In der dritten Phase des Veränderungsprozesses nach Lewin geht es daher auch um das Bilden von Gewohnheiten. Gewohnheiten können als Kraft gesehen werden, die den erreichten Zustand und die neuen Verhaltensweisen aufrechterhalten. (vgl. Frei 2018, S. 28). Auch die Beschreibung von Kühl zur Organisationskultur macht deutlich, wieso das Herausbilden von Gewohnheiten wichtig ist. Nach Kühl bilden sich Organisationskulturen durch Wiederholung und Imitation aus (2018, S. 43). Zu beachten ist hierbei, dass die Veränderungen der formalen Strukturen einen erheblichen Einfluss auf die Kultur nehmen können. Durch die Änderung der Abläufe, der Zielsetzungen und auch der Kommunikationswege, lassen sich Änderungen auf die Kultur vornehmen und diese in der Kultur festigen. Wie sich die Veränderungen der Formalstruktur auf die Kultur auswirken, ist jedoch nicht genau vorhersehbar (vgl. ebd., S. 46).

Greift man erneut die Definition von Organisationskultur nach Kühl auf, so wird deutlich, dass neben der veränderten Formalstruktur, den Wiederholungen und Routinen, auch Imitation eine große Rolle für die letzte Phase des Veränderungsprozesses spielt (vgl. Kühl 2018, S. 43). Im Folgenden soll daher auf die Vorbildfunktion der Führungskraft eingegangen werden.

10.3.2 Vorbildfunktion der Führungskraft

Führungskräfte sind sich häufig ihrer Wirkung und Kraft, die sie als Vorbildfunktion haben, nicht bewusst. MitarbeiterInnen schauen und hören in der Regel sehr genau hin und tauschen sich mit anderen Mitgliedern der Organisation aus. Besonders in Veränderungsprozessen kann es daher schnell zu Verunsicherungen und Gerüchten kommen, die das Vorhaben zum Scheitern bringen können (vgl. Höfler et al., S. 159). In Bezug auf die Freeze-Phase wird deutlich, dass durch das Vorleben gewünschter Verhaltensweisen und Normen durch die Führungskraft eine nachhaltige Integration des Neuen gefördert werden kann. Im Rahmen der Kommunikation von Führungskräften sollte darauf geachtet werden, wie bestimmte Dinge formuliert werden und die neuen Verhaltens- und Kommunikationsmuster müssen immer wieder artikuliert und vorgelebt werden (vgl. Höfler et al. 2018, S. 159). Um die Einstellungen der Organisationsmitglieder beeinflussen zu können, ist das Vorleben gewünschter Normen und Werte durch die Führungskraft unabdingbar. Wenn Werte in der Organisation als besonders wichtig erachtet werden, dann sollten diese glaubwürdig vertreten, artikuliert und vorgelebt werden (vgl. Doppler & Lauterburg 2019, S. 507). Das aktive Vorleben der Veränderung kann als wesentliche Bedingung für einen nachhaltigen Erfolg des Change Prozesses angesehen werden (vgl. Vahs & Weiand, S. 26). Durch das Handeln der Führungskraft muss immer wieder deutlich werden, dass diese hinter den Maßnahmen und den Zielen des Veränderungsprozesses steht (vgl. ebd.).

„Menschen suchen und brauchen heute mehr denn je Identifikationsfiguren, die zu überzeugen vermögen – nicht nur durch das, was sie sagen, sondern vor allem auch durch das, was sie tun und wie sie es tun“ (Doppler & Lauterburg 2019, S. 507). Doppler und Lauterburg gehen darauf ein, dass es in diesem Zusammenhang wichtig ist, das eigene Verhalten zu reflektieren und sich im Sinne der bereits beschriebenen Rückkopplung offenes Feedback einzuholen (vgl. ebd.). „Nur der direkte Kontakt mit den Menschen auf den nächstunteren Stufen zeigt, was bei ihnen angekommen ist – und was nicht“ (ebd.).

„Die Masse tastet sich eben langsam an eine neue Gewohnheit heran und den Pionieren in der Veränderung obliegt es dann, wirklich hartnäckig am Neuen festzuhalten und es nachhaltig vorzuleben“ (Meiler 2020, S. 107). Kotter beschreibt dieses Phänomen anschaulich und unterhaltsam in seinem Buch „Das Pinguin-Prinzip“ (2006). Das Buch beginnt damit, dass der Eisberg, auf dem die Pinguine leben, zu schmelzen beginnt und die Kolonie einen neuen Lebensraum finden muss (vgl. Kotter 2006, S. 14ff). Kotter beschreibt die einzelnen Charaktere der Kolonie und den beschwerlichen Weg dieses „Change-Projektes" (Meiler 2020, S. 107). Louis, ein besonders weiser und alter Vogel, erhielt die Aufgabe immer wieder von der „großen Wende" und den gemeisterten Veränderungen zu berichten (Kotter 2006, S. 55), wodurch selbst die nachfolgende Generation weniger Furcht vor Veränderungen zu haben schien (vgl. ebd., S. 56).

Kotters Geschichte vermittelt anschaulich, wie wichtig es für den Erfolg und die Zukunft der Organisation und deren Bestehen ist, dass durchgeführte Veränderungen immer wieder positiv betont und dargestellt werden. Es ist wichtig dafür zu sorgen, dass die Bemühungen Bestätigung bei den MitarbeiterInnen finden. Dazu sollten alle Kommunikationsmedien genutzt werden, die zur Verfügung stehen. Besonders kreative Angebote, wie Porträts erfolgreicher Teams, Videos von KollegInnen, die über Erfolgserlebnisse berichten, Gewinnspiele mit Fragen zu zentralen Veränderungen des Change oder Erfolgsrunden sorgen für positive Rückmeldungen bei den MitarbeiterInnen (vgl. Deutinger 2017, S. 62). Wenn der Veränderungsprozess zuvor noch nicht medial aufgearbeitet wurde, ist es in dieser Phase besonders sinnvoll eine passende Art der Öffentlichkeitsarbeit festzulegen und die Erfolge nach außen zu tragen. Positive Berichte von außen wirken verstärkend auf die Organisationsmitglieder im Inneren (vgl. ebd.).

In Bezug auf die kommunikativen Möglichkeiten und Besonderheiten lässt sich also festhalten, dass es in dieser Phase besonders bedeutsam ist die Kommunikationswege anzupassen und auf die Veränderungen und Werte adaptieren sowie positiv über den Wandel zu berichten, die Anstrengungen zu belohnen und immer wieder auf das geschaffte Wandelvorhaben einzugehen und dieses mit allen zur Verfügung stehenden Medien zum Ausdruck zu bringen.

Eine Möglichkeit die geschaffte Veränderung direkt nach dem Prozess positiv aufleben zu lassen, besteht im Ausrichten einer Abschlussveranstaltung, welche im Rahmen der Vorstellung praktischer Möglichkeiten kurz dargestellt werden soll.

10.3.3 Abschlussveranstaltung

Kick-off-Veranstaltungen erfreuen sich für den Beginn verschiedenster Projekte größter Beliebtheit und werden häufig praktiziert. Der erfolgreiche Abschluss eines Projektes hingegen wird jedoch in den meisten Fällen nicht feierlich begangen (vgl. Lauer 2014, S. 130). Auch wenn Management- und im Besonderen Veränderungsprojekte im Sinne der kontinuierlichen Verbesserung selten ganz abgeschlossen werden, „das tun Bauprojekte letztlich aber auch nicht –, so gibt es doch oft einen wichtigen Meilenstein, wie etwa die offizielle Einführung von etwas Geplantem" (Lauer 2014, S. 130). Wenn das Change Vorhaben am Höhepunkt angekommen ist und zu einem Abschluss findet, sollte Zeit sein, die Anstrengungen und das Commitment der MitarbeiterInnen zu würdigen und sich zu bedanken. Feiern zum Abschluss eines Change Projektes können nach innen wie nach außen dazu dienen, die Zielerreichung öffentlich zu machen (vgl. Deutinger 2017, S. 62). Da Organisationen, wie bereits zu Beginn dieser Arbeit beschrieben, nicht nur rationale, zielorientierte Gebilde, sondern eben auch soziale Systeme sind, in denen Gemeinschaft eine übergeordnete Rolle spielt, haben Feste innerhalb von Organisationen oft den Anspruch Gemeinschaft zu fördern. „Feste sind Rituale, die Gemeinschaft spürbar machen" (Höfler et al. 2018, S. 215). Unternehmensfeiern, in denen ein gemeinsam erreichtes Ziel gefeiert wird, fördern zudem das Klima und stärken das Zusammengehörigkeitsgefühl über die Hierarchieebenen hinweg. Eine solche Feier kann als Symbol des Abschlusses gesehen werden und über den Prozess hinaus immer wieder an das Erreichte und die Integration der Veränderung in den Organisationsalltag erinnern (vgl. Deutinger 2017, S. 62). Aus der Perspektive des Managements sollte dafür Sorge getragen werden, dass sich die Gäste, also die MitarbeiterInnen, wohlfühlen und sie selbst und die erreichten Erfolge im Mittelpunkt stehen, statt der Führungs- oder Leitungspersonen. Es sollte Raum für Geschichten geben und intensiver Kontakt der Beteiligten gefördert werden, statt strikt an den Kommunikationsritualen festzuhalten (vgl. Höfler et al. 2018, S. 215).

11 Fazit und Ausblick

In der vorliegenden Arbeit wird deutlich, dass Organisationen zunehmend unter Entwicklungszwang stehen und daher in vielerlei Hinsicht dazu gezwungen sind, sich zu verändern (vgl. Oltmanns & Nemeyer 2010, S. 21). Der Begriff des Change Management hat sich daher bereits vor Jahren als eigene Disziplin innerhalb des Managements etabliert und nimmt als proaktive Strategie für den Umgang mit Veränderungen weiter an Bedeutung zu (vgl. Deekeling & Arndt 2019, S. 546). Im Rahmen der Begrifflichkeit Change Management erscheint es jedoch wichtig zusammenzufassen, dass keine einheitliche Definition des Terminus besteht, vielmehr handelt es sich um einen diffusen Sammelbegriff für Veränderungen in Organisationen oder spezielle Techniken, die zur Steuerung und zum Management von Veränderungen beitragen sollen. Die diffusen Grenzen des Begriffs werden auch bei dem Versuch deutlich, Change Management von anderen Begriffen, wie dem der Organisationsentwicklung, zu differenzieren (vgl. Kap. 2). Doppler und Lauterburg zu Folge gibt es zwei Wege sich dem Begriff anzunähern, wobei der zweite Weg auf der mechanistischen Sichtweise beruht und Change Management aus einer top-down Perspektive betrachtet, während beim ersten Weg das Change Management auf der Organisationsentwicklung aufbaut und der Fokus auf den MitarbeiterInnen und ihren Bedürfnissen bestehen bleibt (2019, S. 94f). Stärke des Ansatzes der Organisationsentwicklung ist es, die MitarbeiterInnen mitwirken zu lassen, wodurch die Implementierung von Veränderungen vereinfacht werden kann. Es sollte jedoch betont werden, dass eine solche Vorgehensweise sozial aufwändig ist, dementsprechend langwierig und daher nicht für jedes Vorhaben geeignet (vgl. Brandl 2021, S. 68).

Das der Arbeit zugrunde liegende Verständnis von Change Management ist dennoch grundsätzlich bei dem beschriebenen ersten Weg anzusiedeln, was bereits durch das Thema der Arbeit und die Herangehensweise an Veränderungen deutlich geworden sein sollte. Veränderungen in Organisationen können nur dann erfolgreich durchgeführt werden, wenn die MitarbeiterInnen zu Beteiligten werden, den Wandel akzeptieren und ihre Verhaltensweisen tatsächlich ändern (vgl. Krüger 2014, S. 26). Der hohe Stellenwert den MitarbeiterInnen in Organisationen einnehmen und ihre immanente Rolle in Veränderungsprozessen wurde im Verlauf der Arbeit herausgestellt. Diese Sichtweise ergibt sich neben der vor allem im vierten Kapitel rezipierten Literatur zur Stellung von MitarbeiterInnen im Change Management auch aus der zuvor dargelegten und der Arbeit zu Grunde liegenden Sicht auf Organisationen als sozialen und komplexen Systemen, deren Kernelemente zwar nicht die MitarbeiterInnen selbst sind, ohne diese jedoch keine Entscheidungen getroffen und somit Entscheidungsmuster herausgebildet werden können (vgl. Kap. 2). Veränderungsvorhaben sorgen in der Regel für Verunsicherungen und Ängste bei den betroffenen MitarbeiterInnen, weshalb gelungene und moderne Change Management Projekte die MitarbeiterInnen bereits frühzeitig in den Prozess miteinbeziehen und informieren (vgl. Brandl 2021, S. 68). Kommunikation gilt als Grundlage um Ängste und Sorgen reduzieren sowie Akzeptanz und Mitwirkung bei den MitarbeiterInnen bewirken zu können (vgl. Mast 2008, S. 408).

Zur Beantwortung der Fragestellung worauf bei der Gestaltung der internen Kommunikation in Veränderungsprozessen geachtet werden sollte und welche konkreten Methoden als sinnvoll erscheinen, wurde die Kommunikation entlang der Phasen nach Lewin aufgezeigt. Die Zuordnung zu den einzelnen Phasen Unfreeze, Moving und Freeze erfolgte jeweils immer mit einer literaturgestützten Begründung, obwohl kommunikationstechnisch gesehen natürlich die einzelnen beschriebenen Elemente, wie Feedbackschleifen, dialogische

Kommunikation und Gruppenverfahren auch an anderen Stellen im Change Management ihre Berechtigung haben und Anwendung finden. Entlang der Phasen soll die Fragestellung im Folgenden in Kürze beantwortet werden. Hauptaugenmerk in der ersten Phase liegt darauf ein Gefühl der Dringlichkeit, den „Sense of Urgency“, aufzubauen, die Organisation zu beunruhigen und dennoch die Ängste im Blick zu behalten, um dann ein gemeinsames Bild der Zukunft entstehen zu lassen. Kommunikationstechnisch ist es in dieser Phase zunächst wichtig die MitarbeiterInnen zu informieren, da es ihnen sonst an der nötigen Orientierung mangelt. Um die Motivation aufzubauen und den Wandel auch emotional erfahrbar machen zu können, wird in der Literatur immer wieder die Vision als Mittel aufgeführt, um die es in den Kapiteln zur Unfreeze-Phase hauptsächlich geht (vgl. Kap. 10.1). In Zusammenhang dazu wird der Visions-Workshop als Methode vorgestellt.

Der Fokus, während der Moving-Phase, liegt auf dem Dialog und auf Gruppenverfahren, welche auf der Grundlage von Studien und Literatur als wichtiges kommunikationstechnisches Mittel herausgearbeitet werden. Die Relevanz von Gruppenverfahren wird durch Studien hergeleitet und die Methode World Café vorgestellt. Neben der Bedeutung von Gruppenverfahren ist es zudem wichtig zu betonen, dass das Maß an Partizipation einen Einfluss auf die Widerstände in Veränderungsprozessen und damit auch auf das Gelingen des Wandels hat. Diese Annahme stützt sich auf die im Kapitel 10.2.4 beschriebene Forschung nach Coch und French. Nach Doppler besteht in aller Regel kein Informationsdefizit, sondern ein Kommunikationsdefizit (vgl. Doppler 2000, S. 286). Was besonders schlüssig erscheint, wenn man Kommunikation als das Verhalten zueinander versteht.

Zur Kommunikation in der Freeze Phase und zur Unterstützung der Integration von Veränderungen in der Unternehmenskultur ließ sich in Relation zu den anderen beiden Phasen deutlich weniger Literatur finden, was möglicherweise daran liegen könnte, dass bereits das Konstrukt der Kultur nur schwer zu beschreiben und zu begreifen ist, da es implizit, komplex und größtenteils nicht sichtbar ist (vgl. Doppler & Lauterburg 2019, S. 178). Bezogen auf die Möglichkeiten zur Gestaltung der Kommunikation lässt sich in dieser Phase jedoch besonders auf die Vorbildfunktion der Führungskraft eingehen, da neue Verhaltensweisen durch sie immer wieder vorgelebt und auch aktiv artikuliert werden sollten (vgl. Höfler et al. 2018, S. 159). Die Anstrengungen der MitarbeiterInnen müssen positiv betont und auch über den Prozess hinaus dargestellt werden, wobei hierbei auch die externe Kommunikation verstärkend auf die Mitglieder im Inneren wirken kann (vgl. Deutinger, S. 62). Als Methode wird in dieser Phase kurz auf die Abschlussveranstaltung eingegangen, bei der die Veränderung positiv artikuliert und gemeinsam gefeiert werden kann (vgl. Kap. 10.3.3).

Zusammenfassend lässt sich sagen, dass Kommunikation ein wichtiger Faktor des Change Management ist. Es ist jedoch zu betonen, dass das Gelingen eines Change Management Prozesses nicht auf nur einen einzigen Faktor zurückgeführt werden kann. Diese Annahme wäre verkürzt, wenngleich Kommunikation trotz der Multikausalität erfolgreicher Change Prozesse als einer der kritischsten Faktoren für das Gelingen des Wandels gilt. Zudem ist diese Arbeit als Versuch zu sehen entlang der Phasen aufzuschlüsseln worauf in der Kommunikation besonders zu achten ist und welche Gestaltungsmöglichkeiten auf der Grundlage von Literatur sowie Studienergebnissen als sinnvoll erscheinen. Die MitarbeiterInnen bilden jedoch keinesfalls eine homogene Zielgruppe bei der bestimmte Kommunikationsinstrumente, werden sie nur richtig eingesetzt, zum gewünschten Erfolg führen (vgl. Mast 2020, S. 431). Es gibt keinen, wie Vahs und Weiand schreiben „one best way" für Veränderungsvorhaben, der allgemein gültig zu sein scheint. Dennoch sollten Führungskräfte im Rahmen des Change Management besonderes Augenmerk auf die Kommunikation legen und kommunikative Kompetenzen entwickeln. Das folgende Zitat aus dem „Economist" macht deutlich, dass das Herbeiführen einer Veränderung der Verhaltensweisen bei MitarbeiterInnen von Führungskräften nicht unterschätzt werden sollte. „Anyone who tells you it is easy to change the way groups of people do things is […] a liar" (nach Reiß 1997, S. 3).

In Bezug auf weitere Ausführungen und Forschungen ist es wichtig den Mangel empirischer Untersuchungen zu den Auswirkungen sozialer Dynamiken innerhalb von Gruppenverfahren auf das Veränderungsvorhaben zu benennen. Forschung in diesem Bereich ist sicherlich relevant, wenngleich soziale Dynamiken und Wirkungskausalität nur schwer zu operationalisieren sind (vgl. Endrejat et al. 2019, S. 2).

Bezugnehmend auf diese Arbeit erscheint besonders eine Weiterführung als relevant. Die vorliegende Arbeit gibt kommunikationstechnische Methoden für Change Management Prozesse vor, jedoch nicht für ein konkretes Veränderungsprojekt. Im Sinne einer Praxisverzahnung erscheint es interessant die vorgeschlagenen Methoden in ein konkretes Kommunikationskonzept einzuflechten und in einem organisationalen Rahmen durchzuführen. Anschließend an diese Durchführung könnte eine Evaluation durchgeführt werden, da „Evaluationen […] zur Optimierung von Phasen und eingesetzten Medien [beitragen]“ und diese Phase im Modell nach Lewin vernachlässigt wird (Mast 2020, S. 434).

Literaturverzeichnis

Beck, Reinhilde (2019). Wie kann man Organisationen verändern? In: Wöhrle, Armin (Hrsg.). Organisationsentwicklung - Change Management. Baden-Baden: Nomos Verlag.

Berger, Michael; Chalupsky, Jutta; Hartmann, Frank (2008). Change Management – (Über-)Leben in Organisationen. Gießen: Verlag Dr. Götz Schmidt.

Birkenbihl, Vera (2020). Best of Birkenbihl. Alles, was man über das Denken und Lernen wissen muss. München: mvg Verlag.

Brandl, Paul (2021). Organisationsentwicklung, Transformations- und Change-Management. Regensburg: Walhalla Fachverlag.

Brehm, Carsten R. (2014). Kommunikation im Wandel. In: Krüger, Wilfried; Bach, Norbert (Hrsg.). Excellence in Change. Wege zur strategischen Erneuerung Wiesbaden: Springer Fachmedien. S. 237–264.

Brink, Kyle E.; Costigan, Robert D. (2015). Oral Communication Skills: Are the Priorities oft he Workplace and AACSB-Accredited Business Programs Aligned? In: Academy of Management Learning & Education 14/2. S. 205–221.

Brown, Juanita; Isaacs, David (2004). The World Café. Shaping Our Futures Trough Conversations That Matter. San Francisco: Berrett-Koehler Publishers.

Buchholz, Ulrike; Knorre, Susanne (2010). Grundlagen der Internen Unternehmenskommunikation. Berlin: Helios Media.

Buchholz, Ulrike; Knorre, Susanne (2019). Interne Kommunikation und Unternehmensführung. Theorie und Praxis eines kommunikationszentrierten Managements. Wiesbaden: Springer Fachmedien.

Burnes, Bernard (2014). Understanding Resistance to Change – Building on Coch and French. In: Journal of Change Management. 15/2. S. 92–116.

Capgemini Consulting (2010). Change Management Studie 2010. Business Transformation – Veränderungen erfolgreich gestalten. https://www.managementcoaching.org/sites/default/files/Change_Management_Studie_2010_0.pdf. (16.02.2022).

Capgemini Consulting (2012). Digitale Revolution. Ist Change Management mutig genug für die Zukunft? https://www.capgemini.com/consulting-de/wp-content/uploads/sites/32/2017/08/change_management_studie_2012_0.pdf. (19.02.2022).

Capgemini Consulting (2017). Culture First! Von den Vorreitern des digitalen Wandels lernen. Change Management Studie 2017. final-capgemini_changemanagementstudie2017.pdf. (16.02.2022).

Carter, Nathan T.; Carter, Dorothy R.; DeChurch, Leslie A. (2015). Implications of Observability for the Theory and Measurement of Emergent Team Phenomena. In: Journal of Management, 44/4. S. 1398–1425.

Coch, Lester; French, John R. P. (1948). Overcoming Resistance to Change. In: Human Relations, 1/4. S. 512–532.

Deekeling, Egbert; Arndt, Susanne (2019). Change-Kommunikation in Unternehmen. In: Einwiller, Sabine; Sackmann, Sonja; Zerfaß, Ansgar (Hrsg.). Handbuch Mitarbeiterkommunikation. Wiesbaden: Springer Fachmedien. S. 545–563.

Deutinger, Gerhild (2017). Kommunikation im Change. Erfolgreich kommunizieren in Veränderungsprozessen. Berlin: Springer Gabler.

Dietz, Franziska (2006). Psychologie: Medizinische Soziologie. Band 3. Deutschland: Medi-Learn.

Doppler, Klaus (2000). Kommunikation als Schlüsselfaktor der Organisationsentwicklung. In: Trebesch, Karsten (Hrsg.). Organisationsentwicklung. Konzepte, Strategien, Fallstudien. Stuttgart: Klett-Cotta. S. 281–307.

Doppler, Klaus; Lauterburg, Christoph (2002). Change Management. Den Unternehmenswandel gestalten. Frankfurt/New York: Campus Verlag.

Doppler, Klaus; Simon, Fritz B., Wimmer, Rudi (2007). Change im Fluss der Dinge. Klaus Doppler, Fritz B. Simon und Rudi Wimmer in einem Trialog über Prinzipien des Wandels. In: OrganisationsEntwicklung 2017/03.

Doppler, Klaus; Fuhrmann, Hellmuth; Lebbe-Waschke, Birgitt; Voigt, Bert (2014). Unternehmenswandel gegen Widerstände. Change Management mit den Menschen. Frankfurt/ New York: Campus Verlag.

Doppler, Klaus; Lauterburg, Christoph (2019). Change Management. Den Unternehmenswandel gestalten. Frankfurt/New York: Campus Verlag.

Ebert-Steinhübel, Anja (2013). Kommunikation im Change-Prozess. https://www.ifc-ebert.de/wp-content/uploads/2017/12/Kommunikation_im_Change-Prozess.pdf (12.04.2022).

Endrejat, Paul C.; Meinecke, Annika Luisa; Kauffeld, Simone (2019). Get the Crowd Going: Eliciting and Maintaining Change Readiness Through Solution-Focused Communication. In: Journal of Change Management. https://doi.org/10.1080/14697017.2019.1620826 (30.03.2022).

Endrejat, Paul C.; Meinecke, Annika Luisa (2021). Kommunikation in Veränderungsprozessen Psychologische Grundlagen für die Arbeit mit Individuen und Gruppen. Wiesbaden: Springer Nature.

Frei, Michael (2018). Change Management für Führungskräfte. Eine Praxisanleitung zur betrieblichen Transformation. München: Verlag Franz Vahlen.

Gerkhardt, Marit; Frey, Dieter (2006). Erfolgsfaktoren und psychologische Hintergründe in Veränderungsprozessen. Entwicklung eines integrativen psychologischen Modells. In: Organisationsentwicklung 04/06.

Grolman, Florian (o. J.). Methode World Café – Die häufigsten Praxisfehler. https://organisationsberatung.net/methode-world-cafe-haufigste-praxisfehler/ (05.04.2022).

Grundei, Jens; Werder, Axel (2015). Organisationale Verankerung der Kommunikation in Unternehmen. Wiesbaden: Springer Gabler.

Haller, Reinhold (2018). Bedürfnis- und lösungsorientierte Gespräche führen – privat und beruflich. 10 Tipps zur erfolgreichen Kommunikation. Berlin: Springer Nature.

Happel, Herbert (2017). Hierarchie als Chance. Für erfolgreiche Kommunikation und Kooperation in Team und Organisation. Wiesbaden: Springer Fachmedien.

Hayes, John (2010). The Theory an Practice of Change Management. New York: Palgrave Macmillan.

Höfler, Manfred; Bodingbauer, Dietmar; Dolleschall, Hubert; Schwarenthorer, Franz (2018). Abenteuer Change Management. Handfeste Tipps aus der Praxis für alle, die etwas bewegen wollen. Frankfurt am Main: Frankfurter Allgemeine Buch.

Huck-Sandhu, Simone (2016). Interne Kommunikation im Wandel. Theoretische Konzepte und empirische Befunde. Wiesbaden: Springer Fachmedien.

IFIDZ-Meta-Studie (2019). Metastudie 2019: Führungskompetenzen. https://ifidz.de/fuehrungskompetenz-kompetenzen-fuehrungskraefte-studie-fuehrungskompetenzen/ (19.04.2022).

Kaune, Axel; Wagner, Ariane-Sissy (2016). Change Communication. Die Rede als Instrument im Kontext von Theorie, Empirie und Praxis. Wiesbaden: Springer Gabler.

Kaune, Axel; Glaubke, Niko; Hempel, Therese (2021). Change Management und Agilität. Aktuelle Herausforderungen in der VUCA-Welt. Wiesbaden: Springer Gabler.

Keller, Katrin (2018). Nachhaltige Personal- und Organisationsentwicklung. Wiesbaden: Springer Gabler.

Kotter, John P. (2006). Das Pinguin-Prinzip. Wie Veränderung zum Erfolg führt. München: Droemer Verlag.

Kotter, John P. (2009). Inseln im Sturm. In: OrganisationsEntwicklung Nr. 3. S. 12–16.

Kotter, John P. (2011). Leading Change. Wie Sie Ihr Unternehmen in acht Schritten erfolgreich verändern. München: Franz Vahlen GmbH.

Kraus, Rafaela (2020). Erfolgreiches Change Management. In: Rosenstiel, Lutz; Regnet, Erika;. Domsch, Michel E (Hrsg.). Führung von Mitarbeitern. Planegg: Schäffer-Poeschel. S. 699–709.

Krüger, Wilfried (2014). Mitarbeiter: Wandel akzeptieren, Wandel bewirken. In: Krüger, Wilfried; Bach Norbert (Hrsg.). Excellence in Change. Wege zur strategischen Erneuerung Wiesbaden: Springer Fachmedien. S. 26.

Kühl, Stefan (2018). Organisationskulturen beeinflussen. Eine sehr kurze Einführung. Wiesbaden: Springer Fachmedien.

Kühl, Stefan (2020). Organisationen. Eine sehr kurze Einführung. Wiesbaden: Springer Fachmedien.

Lauer, Thomas (2014). Change Management. Grundlagen und Erfolgsfaktoren. Berlin Heidelberg: Springer-Verlag.

Lauer, Thomas (2021). Change Management. Fundamentals and Success Factors. Berlin: Springer Verlag.

Lies, Jan; Schoop, Simon (2011). Mine: Mangelnder Sense of Urgency. In: Lies, Jan (Hrsg.) Erfolgsfaktor Change Communications. Klassische Fehler im Change-Management vermeiden Wiesbaden: Gabler Verlag. S. 67–82.

Lies, Jan (2011). Emotion und Identifikation in Change Prozessen. In: Lies, Jan (Hrsg.) Erfolgsfaktor Change Communications. Klassische Fehler im Change-Management vermeiden. Wiesbaden: Springer Fachmedien. S. 63.

Malczok, Melanie; Szyszka, Peter (2016). Interne Kommunikation – warum es wichtig ist, ein Kind beim richtigen Namen zu nennen. In: Nowak, Rosemarie; Roither, Michael (Hrsg.). Interne Organisationskommunikation. Theoretische Fundierungen und praktische Anwendungsfelder. S. 19–38.

Mast, Claudia (2008). Change Communication. Balancieren zwischen Emotionen und Kognitionen. In: Meckel, Miriam; Schmid, Beat F. (Hrsg.). Unternehmenskommunikation. Kommunikationsmanagement aus Sicht der Unternehmensführung. Wiesbaden: Gabler. S. 403–434.

Mast, Claudia (2020). Unternehmenskommunikation. München: UVK Verlag.

Maximini, Dominik (2018). Scrum – Einführung in der Unternehmenspraxis. Von starren Strukturen zu agilen Kulturen. Berlin: Springer Gabler.

Meiler, Mira M. (2020). Emotionales Change Management. Wie Führungskräfte ihre persönliche und fachliche Veränderungskompetenz stärken. Berlin: Springer Gabler.

Merchel, Joachim (2015a). Leitung in der Sozialen Arbeit. Grundlagen der Gestaltung und Steuerung von Organisationen. Weinheim und Basel: Beltz Juventa.

Merchel, Joachim (2015b). Management in Organisationen der Sozialen Arbeit. Eine Einführung. Weinheim und Basel: Beltz Juventa.

Miller, David (2001). Successful change leaders: What makes them? What do they do that is different? In: Journal of Change Management. 2/2002. S. 359–368.

Montua, Andrea (2020). Führungsaufgabe Interne Kommunikation. Erfolgreich in Unternehmen kommunizieren – im Alltag und in Veränderungsprozessen. Wiesbaden: Springer Fachmedien.

Morgan, Gareth (1986). Images of Organization. California: Sage Publications.

Mutaree The Change Company (2012). Mutaree-Change-Barometer. Warum fehlt es in Veränderungsprozessen an einer systematischen Steuerung? http://www.mutaree.com/sites/default/files/mutareechange barometersteuerungvonveraenderung.pdf (16.02.2022).

Oltmanns, Torsten; Nemeyer, Daniel (2010). Machtfrage Change. Frankfurt am Main: Campus Verlag.

Pfannenberg, Jörg (2009). Veränderungskommunikation. So unterstützen Sie den Change-Prozess wirkungsvoll. Themen, Prozesse, Umsetzung. Frankfurt am Main: Frankfurter Allgemeine Buch.

Preisendörfer, Peter (2005). Organisationssoziologie. Grundlagen, Theorien und Problemstellungen. Wiesbaden: GWV Fachverlage GmbH.

Rabe, Uwe (2010). Kommunikation/Präsentation/Moderation. Fachhochschule Südwestfalen.

Rank, Susanne; Scheinpflug, Rita (2008). Einführung in das Change Management. In: Rank, Susanne; Scheinpflug, Rita (Hrsg.). Change Management in der Praxis. Beispiele, Methoden, Instrumente. Berlin: Erich Schmidt Verlag.

Reiß, Michael (1997). Einführung. In: Reiß, Michael; Von Rosenstiel, Lutz; Lanz, Anette. Change Management. Programme, Projekte und Prozesse. Stuttgart: Schäffer-Poeschel Verlag. S. 3–4.

Röhner, J.; Schütz, A. (2016). Psychologie der Kommunikation, Basiswissen Psychologie. Wiesbaden: Springer Fachmedien.

Schein, Edgar; Schein, Peter (2017). Organizational Culture and Leadership. New Jersey: Wiley.

Schiersmann, Christiane; Thiel, Heinz-Ulrich (2010). Organisationsentwicklung: Prinzipien und Strategien von Veränderungsprozessen. Wiesbaden: VS Verlag für Sozialwissenschaften.

Schmid, Bernd (2014). Wie und wozu soll Kultur gestaltet werden. In: Schmid, Bernd (Hrsg.). Systemische Organisationsentwicklung. Change und Organisationskultur gemeinsam gestalten. Stuttgart: Schäffer-Poeschel Verlag. S. 35–50.

Schreyögg, Georg (2008). Organisation. Grundlagen moderner Organisationsgestaltung. Mit Fallstudien. Wiesbaden: Gabler Fachverlag.

Schreyögg, Georg (2016). Grundlagen der Organisation. Basiswissen für Studium und Praxis. Wiesbaden: Springer Fachmedien.

Schreyögg, Georg; Geiger, Daniel (2016). Organisation. Grundlagen moderner Organisationsgestaltung. Mit Fallstudien. Wiesbaden: Springer Gabler Fachmedien.

Schulze, Henning (2007). Visionsarbeit. In: Rohm, Armin (Hrsg.). Change-Tools. Erfahrene Prozessberater präsentieren wirksame Workshop-Interventionen. Bonn: Manager-Seminare Verlags GmbH. S. 207–212.

Stahl, Juliane (2014). Wandel akzeptieren, Wandel bewirken – Die Rolle der Mitarbeiter bei der Strategischen Erneuerung. In: Krüger, Wilfried; Bach, Norbert (Hrsg.). Excellence in Change. Wege zur strategischen Erneuerung Wiesbaden: Springer Fachmedien. S. 129–162.

Strasser, Alexandra; Rawolle, Maika; Kehr, Hugo M. (2011). Wie Visionen wirken – Wissenschaftler untersuchen Motivation durch mentale Bilder. Wirtschaftspsychologie aktuell 02/2011.

Stolzenberg, Kerstin; Heberle, Krischan (2013). Change Management. Veränderungsprozesse erfolgreich gestalten – Mitarbeiter mobilisieren. Berlin, Heidelberg: Springer Verlag.

Szyszka, ,Peter (2006). Innenansichten - Interne Kommunikation als aktuelles Problem angewandter Kommunikationsforschung. In: Ferrum. Nachrichten aus der Eisenbibliothek. 78/2006. https://www.e-periodica.ch/cntmng?pid=fer-002%3A2006%3A78%3A%3A151 (10.02.2022).

Theuvsen, Ludwig (2001). Stakeholder-Management - Möglichkeiten des Umgangs mit Anspruchsgruppen. Münsteraner Diskussionspapiere zum Nonprofit-Sektor. 2001/16. https://www.ssoar.info/ssoar/bitstream/handle/document/36221/ssoar-2001-theuvsen-Stakeholder-Management_-_Moglichkeiten_des_Umgangs.pdf?sequence=1&isAllowed=y&lnkname=ssoar–2001-theuvsen-Stakeholder-Management_-_Moglichkeiten_des_Umgangs.pdf (25.02.2022).

Vahs, Dietmar; Leiser, Wolf (2004). Change Management in schwierigen Zeiten. Erfolgsfaktoren und Handlungsempfehlungen für die Gestaltung von Veränderungsprozessen. Wiesbaden: Deutscher Universitäts-Verlag.

Vahs, Dietmar; Weiand, Achim (2020). Workbook Change Management. Methoden und Techniken. Stuttgart: Schäffer-Poeschel Verlag.

Vercic, Ana Tkalac; Vercic, Dejan; Krishnamurthy, Sriramesh. (2012). Internal communication: Definition, parameters, and the future. In: Public Relations Review. Strategically Managing International Communication in the 21st Century. 38/2. S. 223–230.

Watzlawick, Paul; Beavin, Janet H.; Jackson, Don D. (1972). Menschliche Kommunikation. Formen, Störungen, Paradoxien. Bern: Verlag Hans Huber.

Werther, Simon; Jacobs, Christian (2014). Organisationsentwicklung – Freude am Change. Heidelberg: Springer Verlag.

Willemse, Joop; Von Ameln, Falko (2018). Theorie und Praxis des systemischen Ansatzes. Die Systemtheorie Watzlawicks und Luhmanns verständlich erklärt. Berlin: Springer Verlag.

Willke, Helmut (2000). Systemtheorie I: Grundlagen. Stuttgart: Lucius & Lucius.

Wimmer, Rudolf (2015). Die Steuerung des Unsteuerbaren. Rudolf Wimmer über den Konstruktivismus in der Organisationsberatung und im Management. In: Pörksen, Bernhard (Hrsg.). Schlüsselwerke des Konstruktivismus. Wiesbaden: Springer Fachmedien. S. 509–534.

Zerfaß, Ansgar (2007). Unternehmenskommunikation und Kommunikationsmanagement: Grundlagen, Wertschöpfung, Integration. In: M. Piwinger, A. Zerfaß (Hrsg.), Handbuch Unternehmenskommunikation. Wiesbaden: GWV Fachverlage GmbH. S. 21–70.